한번 보면 **유머** 두번 보면 **탈무드**

머리말

　어느 교회의 여자 화장실에 귀신이 자주 나타난다는 소문이 있었습니다. 그러던 어느 토요일 밤, 주일행사를 준비하던 여자 선생님께서 일을 마치고 귀가를 하기 전, 그 화장실을 찾았습니다. 일을 본 후, 문을 열고 나오는데 세면대 거울 속에 무언가 어른거리는 것이 아닙니까?

　다시 한 번 쳐다보았더니 아니, 그 소문에 듣던 귀신이 자기 앞에서 무표정으로 서 있는 것이 아닙니까? 그 여자 선생님은 순간, 극도의 긴장과 두려움에 싸여 그 자리에서 꼼짝 못하고 서 있게 되었습니다.

　그러나 그 순간 언제인가 목사님께서 설교하신 말씀이 문득 생각이 났습니다. 그 말씀은 귀신 들린 사람을 영적으로 물리칠 때

찬송을 힘있게 부르는것도 한 방편이라는 설교였습니다. 그래서 선생님은 그 귀신을 쫓아내기 위한 찬양을 부르기로 작정하였습니다.

귀신을 향하여 눈을 부릅뜨고 입을 벌려 찬양을 시작하려고 했는데 너무 당황한 나머지 그 많은 찬송가와 복음송이 단 한개도 생각나지 않는 것이었습니다. 더욱 당황한 그 여자 선생님은 잠시 더욱 안절부절 하더니 드디어 생각이 났는지, 힘있게 자신의 두손을 귀신을 향하여 벌리고 이렇게 찬양을 하였다는 것입니다.

"당신은 사랑받기 위해 태어난 사람, 당신의 삶 속에서 그 사랑 받고 있지요…?"

귀한 성도인 '헬멋 딜레크'는 이런 말씀을 하였습니다. "염려와 근심 때문에 생긴 주름보다는, '웃음 때문에 생긴 눈 주름이 믿음의 표시로 드러나야 되지 않겠는가? 정결하게 하는 것이 오직 진지함 뿐인가? 웃음이 이교도적이란 말인가?' 라고 말입니다. 우리는 이미 좋은 것들을 교회에서 너무 많이 잃어 버렸고, 많은 진주를 돼지들에게 던져 주었다. 교회가 성소에서 웃음을 없애 버리고 카바레, 나이트 크럽, 그리고 세상 축제에서 얻을 수 있는 것으로 간주해 버릴 때, 그 교회는 곤경에 처할 것이다."

"주 안에서 항상 기뻐하라 내가 다시 말하노니 기뻐하라"(빌 4:4) 말씀하신 성경 앞에서 분명, 건전한 유머와 밝은 웃음은 죄가 아닙니다. 도리어 그것은 설교와 교회생활, 그리고 성도의 교제를 위하여 하나님께서 주신 탈출구요, 안전판일 것입니다.

그 어느 교인이 재미있게 전해 주는 이야기에 밝은 웃음으로 화답할 수 있는 성도, 또한 자신의 실수를 인정하며, 용서를 빌며 내미는 환한 웃음, 그리고 열기와 긴장으로 치닫고 있던 그 회의에서 재치있게 유머 한 마디를 던지는 분을 넓은 가슴으로 이해 할 수있는 교인들과 지도자가 있는 교회가 안정속에 성장 할 교회일 것입니다.

그리고 그런 교회는 "소문듣고 왔다가 소문내러 가는 교인"들로 점점 가득차게 될것입니다. 그런교회와 교인들이 더 많아지기를 바라는 마음과 소망을 담아 이 책을 드립니다.
한 교회의 담임 목사로서, 또한 한 가정의 가장으로서의 일상을 감당하면서도 이 책을 만들고자 하는 저의 열정이 식지 않았음은 아마도 작지만 버릴 수 없는 사명감 때문일 것입니다.

먼저는 하나님께 영광을 돌립니다. 또한 우리 교회의 원로 목사님 내외분과 부모님께 감사를 드립니다. 물론 너무나 좋으신 우리교회 교역자들, 장로님들, 그리고 교인들께도 같은 마음을 전합니다. 특히 사랑하는 아내와 자녀들에게 애정어린 마음을 담고 싶습니다. 마지막으로 이 책이 발간되는데 재정적으로 협력해 주신 신경철, 홍광련 집사님 내외분에게도 감사의 뜻을 전하고 싶습니다.

샬롬!!

2002년 가을의 문턱에서
지은이 이건영

목차

1부 코밑이 즐거워야

어느 목사님이 신으셨을까?	14
"가나 봐라!" "주나 봐라!"	18
백설공주 교인 〈 우거지 교인	21
"코밑이 즐거워야…"	24
'천연 김인가?' '앙드레 김인가?'	27
"오늘 처음으로 듣는 말씀입니다!"	31
"목사님, 오늘 설교에 은혜 많이 받았습니다!"	34
"야, 너 오늘 살인하고 왔냐?"	37
'신약'보다 '구약'이 더 약효가 있습니다.	41
"주일 준비는 토요일 밤부터 시작되는 것입니다."	44
"타들어 가는 것은 담배뿐 아닙니다."	47
"오시오! 자시오! 가시오!"	50
"우와, 우리 아빠는 천재야, 천재…."	54
"나는 5분도 되지 않아 잊어버리는데…."	57
"무슨 이유가 있을거야"	60
"지금은 자다가 깰 때입니다."	64
강대상을 너무 빨리 치신 목사님!	68

목차

2부 말캉 커피

"잘못된 것은 아닙니다. 다만 오해일 뿐입니다!" ············ 74
바보온달과 평강공주 ············ 78
"십년을 한결같이 천원을…" ············ 82
"아까운 설교 망쳐 버렸군!" ············ 86
부담스러운 대표기도 ············ 89
"텔레비젼보다 더 귀한 것은 없네!" ············ 93
"내 마누라가 죽인 모양입니다!" ············ 96
말캉 커피 ············ 100
"아빠, 서울 교회에는
여자 목사님들이 많이 계신 것 같네요?" ············ 107
"…. 자네가 타지 않고 말이야!" ············ 111
아줌마를 살리는 말 ············ 115
"기본 예의가 있어야 합니다. 친할수록…" ············ 119
"김씨, 불내려…!" ············ 123
"예수는 나의 힘이요…" ············ 127
차량 안내 십계명 ············ 131
성령의 신바람 경건 ············ 134
'무료입장, 유료퇴장'에서 면제된 좌석 ············ 138

목차

3부 성도님의 관심은 무엇입니까?

눈화장의 원인은 파리 때문이었습니다 …………… 144
"홍 해라!" ……………………………………… 148
"여보, 119!" …………………………………… 152
"조상 뵐 면목이 없어서…." …………………… 155
"성도님의 관심은 무엇입니까?" ………………… 158
교회는 '돌탕교인'을 품을 줄 알아야 합니다 ……… 161
'광우병'과 '광인병' …………………………… 165
'썰렁맨'과 '감동맨' …………………………… 169
좋은 대표기도자는 훈련으로 만들어집니다 ……… 173
"노인 씽씽! 노인 만세! 할렐루야!" ……………… 177
'핸드폰'과 '사탄폰' …………………………… 180
"아니, 잠깐만요. 30초면 되는데요?" …………… 184
"저는 잠자기 전에 꼭 화장실을 다녀오기 때문에…." … 187
'갈비장로' 그리고 '냉면권사' …………………… 191
"개조심씨, 계십니까?" ………………………… 195
"월요일은 원래 마시고~" ……………………… 198
덮어 놓고 믿는 분들 …………………………… 202

목차

4부 미리 알았어야지

"달려가는 것보다 마주보는 것이 좋습니다." ……… 208
남이 웃었다고 다 좋은 유머는 아닙니다. ……… 212
앞좌석은 금방석! ……… 216
사십대가 지나야… . ……… 220
"꺼져 버려" ……… 224
"아멘 은 아무나 합니까?" ……… 228
주일날, 부는 바람을 조심하세요. ……… 232
"몇 시 몇 분?", "몹시 흥분이요!" ……… 236
2%가 부족한 사람 ……… 240
멍청한 교제 ……… 244
"요단강 건너가 만나리!" ……… 248
"내가 어찌…!" ……… 251
'슈퍼맨' 그리고 '술퍼맨' ……… 254
"주 안에서 기뻐하라!" ……… 258
"미리 알았어야지…." ……… 262
'은혜' 받았으면 '행함' 이 있어야 합니다! ……… 266
'대중' 없이 내리던 눈 ……… 270

1부

코 밑이 즐거워야

 교회

어느 목사님이 신으셨을까?

1940년대, 아프리카의 한 식인종 정치 지도자가 영국을 방문하게 되었습니다. 많은 백인들은 그 흑인 식인종 지도자를 향한 혐오감과 동시에 호기심 때문에 적지 않은 질문을 하기 시작하였습니다.

"식인종씨! 많은 사람을 먹어 보셨을 것인데, 사람고기의 맛을 한 마디로 표현한다면 어떤 맛입니까?"
"영국에는 하나님이라는 판단자가 계시는데, 그분이 두렵지도 않습니까?"
"이 영국을 보신 후, 당신의 나라 식사 습관과 음식의 주메뉴를 바꾸어 볼 계획은 없습니까?"

이런 저런 질문들이 쏟아져 나오고 있을 때, 그 기자회견장에 영국의 종교 지도자들이 나타나 소리를 쳤습니다. "이런 식인종이 장로교의 성지인 영국에 발을 딛을 수 있다는 것은 국가적인 수치요 하나님을 향한 모독입니다. 빨리 추방시켜야 합니다! 추방! 추방! 추방!"

그런 일이 있은 후, 얼마 되지 않아 제1차 세계대전이 일어났습니다. 그리고 전쟁으로 인하여 너무나 짧은 시간에 수만, 드디어 수십만의 사람들이 전장에서 죽어가는 모습을 TV를 통하여 보던 그 식인종 지도자는 답답한 마음을 금할 길 없어 기자회견을 자청하였습니다.

그리고는 "저는 지식인이요, 종교인임을 자처하면서도 전쟁을 하고 있는 영국사람들을 이해할 수 없습니다. 더 먹을 것도 아니요, 큰 축제를 위한 요리를 준비하는 것도 아니면서 왜 이렇게 많은 사람들을 죽여야 하는지요?"라고 말하였다는 것입니다.

그와같이 우리들 주변에도 때로는 자신의 이해 수준으로는 도저히 해석되어질 수 없는 일들이 일어나기도 합니다. 저도 그 식인종의 심정을 이해할 수 있는 일을 당하였습니다. 그날은 노회에서 강도사님들을 목사안수하는 시간이었습니다. 안수식에 동참하기 위해 강대상으로 증경 노회장님들과, 안수받으시는 강도사님들이 속해 있는 교회 담임목사님들도 등단하라고 하시기에 저도 신발을 벗고 단으로 올라갔습니다. 그리고 은혜롭게 안수식이 끝났습니다.

그런데 문제가 생겼습니다. 강대상에서 내려와 내 신발을 찾으려고 하는데 없는 것이었습니다. 결국 목사안수를 해 주신 목사님들, 그리고 목사안수를 받은 분들이 다 내려가 회중석에 앉았는데도 찾을 수 없어 당황하고 있었는데 마침 구석에 구두 한 켤레가 보였습니다.

얼떨결에 신었습니다. 그 구두는 굽이 높아 갑자기 제 키가 커진 것같은 느낌을 주는 구두였으니, 아마도 키 작은 분이 신으셨던 것 같습니다. "회의 중, 휴식시간에 광고하면 내 신발을 찾을 수 있을거야." 하는 생각이었으나 그 예상은 결국 빗나가고 말았습니다. 두 번이나 노회 서기 목사님이 광고를 하였으나 제 신발을 신고 가신 목사님은 안 계셨습니다.

그러면 제 신발이 휴거하였다는 것일까? 아니면 공중혼인잔치에 참여하기 위해 들림을 받았단 말일까? 그것도 아니라면 안수식 하는 도중, 약 20여 켤레 되는 신발 중, 어느 좀도둑이 유독 내 신발만 훔쳐갔단 말일까? 그러다가 상상하지 말아야 할 것을 상상하는 제 자신을 발견하고는 깜짝 놀라고 말았습니다.

"혹, 노회 목사님이나 안수받은 신참 목사님들 중, 비교적 새

신발인 제 것이 탐이나 슬쩍 하시고 시치미를 떼고 계시는 것은 아닐까?" 하는 상상으로 인하여 저의 지금까지의 그 많은 죄목 가운데 또 하나의 죄악을 추가시키고 말았습니다. 할 수 없이 늘 그러하듯이 재빨리 짧은 회개기도를 드리고 말았던 그날, 그 노회 장소를 추억해 봅니다.

성경의 내용이 우리에게 온전히 이해될 수 없기에 하나님의 말씀이듯이, 우리 주변에서 일어나고 있는 일들 중, 때로는 이해될 수 없는 일이 있음은 우리들이 아직 살아있다는 분명한 증거일 것입니다. 그 이해될 수 없는 일들에 대한 해답을 시원하게 얻을 수 있는 그 날이, 점점 세월의 흐름과 함께 다가오고 있습니다.

그리고 지금은 거울로 보는 것 같이 희미하나, 그 때에는 얼굴과 얼굴을 맞대어 보는 것 같이 이해될 것입니다. 또한 알게 될 것입니다. 그 때까지 이해될 수 없기에 상상하다가 자신의 죄를 "한 사라" 더 추가하는 우매자가 되지 말아야 할 것입니다.

 기도/응답

"가나 봐라!" "주나 봐라!"

어느 스님이 각 동네를 다니면서 시주를 받고 있었습니다. 그러나 그가 목탁을 치면서 이 아파트, 저 아파트 층계를 오르락 내리락 하여도 별 소득이 없었습니다. 도대체 문을 열어 주어야 말이라도 붙일 것이 아닙니까?

시간은 지나 저녁은 되어가고, 그 스님은 목표량이 달성되지 않아 마음이 조급하였습니다. 그래서 마지막 아파트 집의 초인종을 누르면서 마음에 작정을 하였습니다. 이번에는 문을 열어 줄 때까지 염불을 하겠다고 말입니다.

"나무 아비 타부울!…" 목탁소리와 함께 주문을 외우시던 그 스님은 역시 문이 열리지 않자 은근히 화가 났습니다. 그래서 더 크게 소리내어 외치기 시작하였습니다. "나미 아비 타부울…. 가나 보라, 가나 봐라, 카나 보아라아…!"라고 말입니다.

그러자 드디어 반응이 왔습니다. 그리고 문이 열리며 한 아주머니가 나오는 것이 아닙니까? 작전 성공하였다고 생각한 스님은 인사를 드리려 고개를 숙이려 하는데, 그 아주머니가 스님을 향하여 이렇게 소리를 쳤습니다. 짜증스러운 표정으로 말입니다. "주나 보라, 주나 봐라, 쭈나 보아라~ 아!" 그리고 "꽝!" 하고 문이 닫혔다는 것입니다.

혹 우리와 하나님과의 관계가 그 스님과 아주머니의 관계와 같을 것이라고 생각하는 분이 계시는지요? 특히 기도할 때 "기니 봐라!"는 식으로 기도하며, 하나님은 "주나 봐라!"며 버티고 계실까요? 물론 결코 그러하지 않습니다. 우리 주님께서는 우리가 기도할 내용에 대하여 이미 아시고 계실 정도의 전지하신 하나님이십니다.

그러면 왜 때로는 너무하다는 생각이 들 정도로 응답이 더딜까요? 그래서 아마도 하나님이 이제는 나를 기억하지 않고 계신다고 생각할 정도로 응답의 시기가 늦고 있습니까? 이제 정신차리고 다시 믿음으로 받아들여야 할 진리가 있습니다. 그것은 하나님께 드린 기도는 어떠한 방법과 형태로든지 간에 응답이 된다는 것입니다. 그러나 응답의 시기가 내 때와 달리 늦는 이유가 있습니다. 최소한 두 가지입니다.

그 첫째는 늦은 듯하지만 결국 응답해 주시므로 그 응답이 얼마나 소중한 것인가를 깨닫게 하기 위함입니다. 만일 우리 자녀들이 달라는대로 용돈을 즉시 주게 되면 그 돈의 소중함을 알지 못하는 것과 같은 진리입니다. 둘째로는 즉시 응답이 되면 그 응답이 우연히 된 것이나, 혹 자신이 능력이 있어서 된 것으로 착각하고 교만해질 것이기 때문입니다. 그러므로 오직 하나님의 은총인 것을 알게 하기 위함입니다.

응답이 늦은 듯하지만, 그럼에도 불구하고 여전히 우리 하나님은 "좋으신 하나님"이심을 고백하는 이 시간이 되기를 원합니다.

 믿음/침묵

백설공주 교인 < 우거지 교인

어느 수다쟁이 집사님 댁에서 구역예배가 열렸습니다. 모든 예배를 마치고 간식을 먹으며 담소를 나누고 있을 때, 그 집사님의 어린 아들이 유치원을 다녀왔습니다. 안방으로 들어와 구역식구들을 향하여 씩씩하고 명랑하게 인사를 드리고 자기 방으로 가려다가 문뜩 뒤를 돌아 보며 하는 말이 걸작이었습니다.

"엄마, 엄마가 늘 밥먹을 때마다 아빠에게 이야기하시던 그 주책없다는 집사님이 어느 집사님이죠?" 그 여집사님은 밥상에서 만큼은 교인들의 험담을 하지 말아야 하는 기본 예의도 없는 왕수다쟁이였던 모양입니다. 물론 주책없다는 말의 '주책' 을 "주님이 책임진다"고 해석한다면 할 말이 없지만 말입니다.

현대교회 내에는 예상보다 더 많은 '백설공주 교인'이 있다고 합니다. 즉 "백방으로 설치고 다니는 공포의 주둥아리 교인들"을 일컫는 말입니다. 그러한 교인들의 대부분은 '선구자'들입니다. "선천적인 구제 불능성 자아도취에 빠진 자들"이라는 말입니다. 이런 교인들의 결국은 '스타'가 되고 말 것입니다. 다시 말해서 "스스로 타락하고만 교인"이란 뜻입니다.

그래서 성경은 이렇게 말씀하고 계십니다. "비판치 말라 그리하면 너희가 비판을 받지 않을 것이요 정죄하지 말라 그리하면 너희가 정죄를 받지 않을 것이요 용서하라 그리하면 너희가 용서를 받을 것이요 주라 그리하면 너희에게 줄 것이니 곧 후히 되어 누르고 흔들어 넘치도록 하여 너희에게 안겨 주리라 너희의 헤아리는 그 헤아림으로 너희도 헤아림을 도로 받을 것이니라"(눅 6:37-38)

백설공주가 많음에도 불구하고 우리나라 교회가 성장하며 복음을 역수출하는 민족으로 쓰임받고 있음은 아마도 '우거지 교인'이 더 많기 때문이 아닐까 생각해 봅니다. 즉 '우아하고 거룩하고 지성적인 교인들"입니다. 물론 이런 분들은 교회에서 교인들에게 드러나 보여지지 않고 있지만 전지전능하신 하나님은 보시고 기뻐하시고 계십니다.

자신이 자신을 볼 때 백설공주의 기미가 보이는 교인이 계실 것입니다. 다시 집어 넣을 수 없는 말들을 더 많이 하여 타 교인에게 아픔을 주고, 결국 자신도 고통을 당하기 전에 이제라도 침묵하는 경건을 배워야 할 것입니다.

　침묵하면, 내 안에 있는 두 마음이 하나가 될 것입니다. 침묵하면, 마치 잔잔한 호수같은 마음이 되어 그 마음을 통하여 유익한 말이 보일 것입니다. 그리고 침묵하게 되면, 하나님의 음성을 심령을 통하여 들을 수 있을 것입니다. 왜냐하면 우리 하나님은 침묵하는 교인의 친구이시기 때문입니다. 드디어 침묵하게 되면 다른 사람, 혹은 가족들의 영혼과 육신을 살리는 말을 하게 될 것입니다.

　이제 하루에 단 3분만이라도 침묵하는 훈련에 돌입합시다. 그리하면 분명코 얼마 후, 내가 이미 우거진 교인이 된 것을 체험하게 될 것입니다. 그리고 나의 변한 모습과 삶을 다른 교인과 가족들이 인정할 것입니다.

 회의/식사

"코밑이 즐거워야…"

"코밑이 즐거워야 은혜스러운 회의가 될 것 같네요!"
"그래요…. 코밑이 열려야 은혜의 문도 열리는 법입니다. 식사하고 합시다!"

정기당회를 하고자 한 음식점으로 당회원들이 모였습니다. 식사 전에 빨리 안건들을 처리하고 즐겁게 식사할 것을 제의한 어느 장로님의 의견대로 회의가 시작되었습니다. 그러나 예상과 달리 안건들은 잘 처리되지 않았고, 이미 저녁 먹을 시간이 훨씬 지나고 말았습니다.

그날은 이상하게도 다른 당회 때와는 달리 더욱 의견 대립이 심하였습니다. 이러다가 옆방에 있는 믿지 않는 사람들에게 망신을 당할 정도로 고성이 오갈 때였습니다. 그때, 늘 중재자 역할을 지혜롭게 하시던 중진 장로님이 이렇게 말하였습니다.

"코밑이 즐거워야 은혜스러운 회의가 될 것 같네요." 그러자 그 말의 뜻을 감지한 다른 장로님이 연이어 이렇게 말하였습니다. "그래요…. 코 밑이 열려야 은혜의 문도 열리는 법입니다. 우리 식사한 후, 회의를 계속하기를 동의합니다!" 그 의견이 통과되어 식사가 들어왔습니다. 그리고 그 식사 후의 회의는 일사천리로 진행되었고, 웃으며 각자 댁으로 가셨다는 것입니다.

왜 저녁 식사 전과 후의 회의내용에 큰 차이가 있었을까요? 그 이유는 사람의 생리적 현상과 밀접한 관계가 있을 것입니다. 즉 사람이 배고플 때와 배부를 때의 감정 표현의 차이가 분명 있기 때문입니다. 다시 말해서 사람이 감정의 동물은 아니나 감정을 가지고 있는데, 그 감정은 식사 여부에 따라 변할 수 있기 때문입니다.

대개의 교회 회의는 주일 오전예배를 끝내고 즉시하는 것이 관례처럼 되어 있습니다. 그럴 수밖에 없는 것은 이왕 모였을 때 회의까지 하자는 편리함 때문일 것입니다. 그것이 나쁘다는 것은 아닙니다. 다만 식사, 혹은 간식이라도 드시지 않고 시작한 회의와 드신 후 하는 회의의 내용은 분명히 다르다는 것을 인정하는 지혜가 필요합니다.

이 사실에 대한 이해를 돕기 위해 한 가지만 더 말씀을 드리고자 합니다. 성도님들의 가정사 경험을 통하여 질문을 드려 봅니다. 성도님은 퇴근하여 집에 들어가 시장기가 있을 때, 중요한 집안의 일을 상의하는 아내가 지혜롭게 보이든가요? 아니면 식사를 끝내고 커피 한 잔을 준비해 놓고 이야기 하자고 하는 아내가 더 지혜로워 보이든가요?

"여호와의 사자가 또 다시 와서 어루만지며 이르되 일어나서 먹으라 네가 길을 이기지 못할까 하노라 하는지라 이에 일어나 먹고 마시고 그 식물의 힘을 의지하여 사십주 사십야를 행하여 하나님의 산 호렙에 이르니라"(왕상 19:7-8)

 고난

'천연 김'인가? '앙드레 김'인가?

하얀 김과 검정 김이 있었습니다. 어느 날 하얀 김이 그 검정 김을 보고 이렇게 물어 보았습니다. "야, 너는 무슨 김에 속하냐?" 그러자 검정 김은 "응, 나는 천연 김이야!"라고 대답을 하였습니다.

그러자 검정 김이 질문을 한 하얀 김에게 이렇게 되물었습니다. "야, 그럼 너는 무슨 김에 속하냐?" 그 질문을 듣고 하얀 김은 자신있는 음성으로 이렇게 대답을 하였다는 것입니다. "응, 나는 앙드레 김이다! 허허…"

어느 시골 마을에 많은 주민들이 교회를 다니고 있었습니다. 그러나 그 마을의 '주벽'이라는 청년은 주민들이 교회에 가는 주일 아침에도 늘 술집에 앉아 술을 마시며, 오고 가는 교인들을 괴롭

히고 있었습니다. 그 교회 목사님의 인내에도 한계가 있었습니다. 그래서 어느 날 주일예배 인도를 마치고 그 청년이 있는 술집 마당으로 찾아가서 자상한 말로 타일렀습니다.

"주벽 청년, 이러다가 우리가 천국에서 만나지 못할 것 같아서 내 마음이 몹시 괴롭다네." 목사님의 그 말을 듣던 주벽 청년은 도저히 이해할 수 없다는 표정으로 이렇게 대답을 하였다는 것입니다. "아니, 목사님, 도대체 무슨 용서받지 못할 죄를 저질렀길래 그러세요? 다시 용기를 내세요, 목사님!"

때로는 교회 내에서 신앙 상식적인 말이 통하지 않는 교인들을 만나게 됩니다. 아내가 10여 년 넘도록 세례받을 것을 권유하지만 "너, 그런 말 계속하면 주일 아침예배에 나가는 것도 중단할 거야!"라며 엄포를 놓는 남편이 바로 그런 사람이 아닐까요?

남편 집사님은 "이제 우리 부부가 다 집사가 되었으니, 십일조를 하나님께 드리는 결단을 내리자!"고 말하자, "아니, 십일조를 드리면서 언제 우리 집을 장만할 수 있단 말이에요? 물질 봉사는 다른 부부들이 할 것이니 우리는 몸으로 때우는 봉사나 합시다!"라고 대답하는 여집사님, 그의 남편이 "이러다가 우리 하나님께 물질적인 시험을 당할 수 있으니 미리 예방차원에서라도 시작해야 하지 않겠소?"라며 다시 강청하자, "여보, 옆집의 철이 엄마는 십일조는 커녕 교회 문턱을 밟아보지도 않았지만 잘 살고 있지 않아요?"라고 짜증 섞인 말을 하는 여집사님을 향하여 상식이 통하지 않는 교인이라고 하면 과언일까요?

"여보, 이제 그만큼 교회를 다녔으면 담배를 끊을 때가 되지 않았소? 결단을 내어 시작합시다."라는 아내의 말에 늘 "그래야지!" 하면서도 마약처럼 담배를 끊지 못하던 남편이 계셨습니다. 그 누가 보더라도 나이에 비하여 약 10여 년 젊게 보였던 그 남자 성도님이 갑자기 심장의 이상으로 인하여 중환자실에 입원하고 말았습니다.

그러나 하나님의 은혜로 죽음의 문턱에서 다시 살아났습니다. 그리고 그 아내는 저의 목양실로 찾아와 이런 말을 남겼습니다. "목사님, 병실로 꽃바구니 보내 주심을 감사 드립니다. 그리고 이제는 우리 남편이 담배를 끊을 것 같아요. 왜냐하면 의사 선생님께서 이제는 완치되어 퇴원하더라도 담배를 다시 피우면 생명이 끝날 것이라고 선언을 하였기 때문이지요. 이번 고통과 환난을 통하여 우리 남편을 더욱 하나님이 원하시는 사람으로 만들어 가시는 은총을 감사 드립니다. 기도해 주세요."

신앙 상식적인 말이 통하지 않을 때, 비상한 방법을 동원해서라도 역사하시는 하나님의 손길을 그 부부를 통하여 보게 되었습니다. 동시에 그분들은 이런 성경구절이 응답된 귀한 성도들이였습니다.

　"고난 당하는 것이 내게 유익이라 이로 인하여 내가 주의 율례를 배우게 되었나이다 주의 입의 법이 내게는 천천 금은보다 승하니이다 주의 손이 나를 만들고 세우셨사오니 나로 깨닫게 하사 주의 계명을 배우게 하소서 주를 경외하는 자가 나를 보고 기뻐할 것은 내가 주의 말씀을 바라는 연고니이다 여호와여 내가 알거니와 주의 판단은 의로우시고 주께서 나를 괴롭게 하심은 성실하심으로 말미암음이니이다"(시 119:71-75) 아멘!

 건망증/경청

"오늘 처음으로 듣는 말씀입니다!"

건망증이 심한 젊은 형제가 있었습니다. 자신에게 참으로 중요한 일들까지 잊어 버리는 것이 문제지만, 영어단어를 외울 때는 그 증상이 더욱 심하였습니다. 그래서 외운 단어를 꼭 사용해야 할 때, 제대로 선용하지 못하는 것이 본인에게도 안타까움이었습니다.

그러던 중, 사랑하기에 충분한 어느 미국인 자매를 알게 되었습니다. 그 여자는 한국지사에서 근무하는 자매로서 한국말보다는 미국말이 더욱 익숙한 자매였습니다. 그러므로 연애하면서 언어 소통도 문제였으나, 더욱 큰 만남의 장애물은 바로 그 건망증이었습니다.

왜냐하면 그 총각은 사랑하는 자매와의 약속시간, 그리고 약속

장소를 너무 자주 잊어 버리므로 신뢰성을 잃어 버리기 시작하였기 때문입니다. 드디어 그 자매는 헤어질 것을 결정하였고, 형제와의 마지막 만남을 준비하였습니다. 그 섭섭한 자리에 가야 할 형제는 사랑하는 자매를 가지 못하게 하기 위해 "가지 말라!"는 영어 문장을 한없이 외웠습니다.

"Don't Go!"라는 두 단어를 철저히 외운 후, 만날 장소로 나간 그 총각은 미국인 자매 앞에 서자 또 건망증 증세가 발동하고 말았습니다. 이별을 위한 몇 마디를 한 후, 커피를 다 마시지도 않은 채 자리를 떠나고자 하는 자매에게 당황한 이 형제가 이렇게 외쳤다는 것입니다. "똥꼬! 자매니임, 똥꼬!"라고 말입니다. 그 자매는 주위사람들의 낄낄 웃어대는 웃음소리에 더욱 창피하여 그 카페를 황급히 떠나 버렸다는 것입니다.

이렇게 젊은 사람들에게도 건망증이 있는데, 연세 드신 어르신들의 건망증이야 말로 탓할 것이 아니요, 당연한 것으로 받아들이며 이해해 드릴 수 있는 것이 효도의 한 방편이라고 생각합니다. 특히 어르신들과의 대화 중에는 더욱 그런 자세가 우리 젊은 이들에게 필요합니다.

왜냐하면 우리들은 그 이야기를 이미 몇 번, 그리고 오래 모신 어르신이라면 수십 번 들은 이야기이지만 그 어르신께서는 마치 처음 말씀해 주시는 것처럼 진지하게, 혹은 재미있게 말씀해 주시기 때문입니다. 그럴 때, "어르신! 그 말씀은 벌써 몇 번이나 들은 말씀입니다!"라고 말씀 드리는 젊은이의 모습을 아름답다고 말씀 드릴 수는 없습니다.

다만 그 이야기를 오늘 처음으로 듣는 것처럼 "아, 그랬어요?", 혹은 "아니, 그런 일이 어르신께도 계셨다니 얼마나 힘이 드셨겠어요?"라고 말입니다. 물론 시계를 쳐다 보거나 시선을 다른 곳에 두지 않으면서 말입니다. 그러다가 혹 그 어르신께서 "이 이야기 내가 한 번 하지 않았었나?" 물어 보시면 "아니에요! 저는 오늘 처음으로 듣는 말씀입니다.", 혹은 "다른 사람에게 말씀하셨던 것을 착각하고 계신 것 같습니다. 염려마시고 계속 말씀하시죠!"라는 대답을 아끼지 않으면서 말입니다.

어린아이는 무릎에 힘이 있고, 젊은이는 무릎에 힘이 있습니다. 그러나 노년을 살아가고 계신 어르신들은 바로 입에 힘이 계신 것입니다. 그러므로 잘 들어 드리는 것이 용돈 얼마를 드리는 것보다 큰 효도입니다. 그래서 하나님께서 우리들에게 입은 한 개만 주셨지만 귀는 두 개나 주신 것 같습니다.

감정 다스리기

"목사님, 오늘 설교에 은혜 많이 받았습니다!"

어느 교인이 너무나 아끼는 모자가 있었습니다. 그런데 어느 토요일 집에 들어와 보니 그 모자를 쓰지 않고 들어온 것이었습니다. 오늘 하루 찾아갔던 곳이 많았고, 만난 사람도 하도 많아 그 어느 곳, 어느 장소에 그 모자를 놓고 왔는지 도무지 알 수 없었습니다.

생각하며 고민하다가 그만 잠이 들었으며, 그 다음 주일날 교회에 가서 예배에 참석하게 되었습니다. 순서에 따라 목사님의 말씀을 듣게 되었습니다. 그날 목사님의 설교의 요지는 십계명 중, "간음하지 말라"는 말씀이었습니다. 아침식사로 졸다가 죽임당한 닭고기를 먹은 것도 아닌데 너무나도 졸려 거의 자면서 듣던 중, 마치 형광등이 번쩍이듯이 그 잃어 버린 모자를 어느 곳에 두고 왔는지를 알게 되었습니다.

그는 조용히 자기의 무릎을 치며 그토록 아끼던 모자를 다시 찾게 된 것을 감사하였습니다. 그리고 예배 후, 교회 앞마당에서 인사하고 계신 목사님에게 일부러 찾아가서 이렇게 감사의 인사를 하였다는 것입니다. "목사님, 오늘 설교에 은혜 많이 받았습니다. 그리고 목사님께서 간음하지 말라고 외칠 때, 잃어 버렸던 모자를 어느 집에 두고 왔는지를 깨닫게 되었으니 더욱 은혜로운 설교였습니다."

혹 머리 회전이 늦으므로 인하여 "그런데 도대체 그 모자를 어디서 잃어 버렸다는 말인가?"라는 의문을 아직도 가지고 계신 분은 옆에 계신 분에게 이 글이 왜 우스운 이야기냐고 물어 보셔도 좋을 듯합니다. 모르는 것은 결코 죄가 되지 않기 때문입니다.

교인이 되었다고 해서 이성에 대한 감정이 완전히 사라지는 것은 아닙니다. 40일 금식기도를 한 후, 아무 기력없이 차를 타고 집으로 돌아오더라도 차창 밖으로 지나가는 아름다운 여성의 모습은 여전히 아름다워 보일 것입니다. 반대로 금식기도를 한 교인이 여성도라면 늠름한 남성의 모습은 여전히 늠름해 보일 것입니다.

그런 현상은 연령에도 상관없이 계속될 것입니다. 이런 비유가 옳을지는 모르지만, 겨울날 눈이 많이 와서 온 집의 지붕이 하얀 눈으로 덮었어도 그 집안의 아궁이의 불은 활활 타고 있을 것입니다. 마찬가지로 이미 머리에 하얀 눈이 내리듯 흰 머리로 뒤덮었어도 이성에 대한 감정은 크게 변함이 없을 것입니다.

인간은 감정의 동물은 아니지만 감정을 가지고 있으며, 특히 이성에 대한 감정은 결혼과 함께 가정의 계보를 이어가는 건전하고 필수적인 역할을 감당하고 있는 것입니다. 다만 우리 예수 믿는 사람들이 자기의 감정에 맹목적으로 복종하고 사는 사람들과 다른 면에 있다면, 그 이성에 대한 감정을 성령 하나님의 은총과 말씀의 통제 속에서 다스릴 줄 아는 것입니다.

특히 요셉의 "하나님 존전 의식", 즉 "내가 어찌 하나님 앞에서 득죄하리이까?"라는 신앙을 배워 가기를 소원해야 할 것입니다(창 39:7-10). 그리할 때, 다음의 성경구절을 지킨 성도로서 현세와 내세에 복과 상급을 받게 될 것입니다. "너는 네 우물에서 물을 마시며 네 샘에서 흐르는 물을 마시라 어찌하여 네 샘물을 집 밖으로 넘치게 하겠으며 네 도랑물을 거리로 흘러가게 하겠느냐 그 물로 네게만 있게 하고 타인으로 더불어 그것을 나누지 말라 네 샘으로 복되게 하라 네가 젊어서 취한 아내를 즐거워하라"(잠 5:15-18)

"야, 너 오늘 살인하고 왔냐?"

법대생들은 2학년이 되면 형법을 배우게 된다고 합니다. 또한 2학년 2학기, 혹은 3학년 1학기가 되면 형법 각론을 배우게 되는데, 그 때부터 그들 주위에 있는 다른 학과 학생들에게 오해를 받게 된다고 합니다.

@ 법대생 1: "야, 너 오늘 살인하고 왔냐?"(즉 오늘 형법 250 조의 살인죄 부분을 공부했느냐?)

@ 법대생 2: "아직 시도하지 못하고 있어! 시간이 없어서 말이야!"

@ 옆으로 지나가던 타학과 학생: "아니, 이럴수가?…."

@ 법대생 1: "아무리 바빠도 살인을 안하고 어떻게 교수님께

잘 보이겠다는 거야?"
@ 법대생 2: "그럼, 넌 끝냈냐?"
@ 법대생 1: "그럼, 난 존속살인까지 끝내 주고, 지금 낙태하
러 가던 중인데…."

@ 그들 곁을 지나가던 타학과 학생: "세상 말세라더니 맞는 말이구먼…. 정말 가까이 하기에는 너무나 먼 학생들이구먼…. 참!"

그후 법과의 강의실에서 교수님과 학생들이 나누는 대화라고 합니다.

@ 교수님: "학생들, 지난 주간에 부탁하였던 절도는 다 하고
왔겠죠?"
@ 학생들: (모두들 고개를 숙이고) "……."
@ 마음씨 좋으신 교수님: "어허, 이 친구들아, 절도 죄를 익숙
하게 해야 다른 범죄들을 하기 쉬워
지는데 말이야, 사회 정의실현을 위
하여 자, 열심을 냅시다."
@ 학생들: (다시 고개를 숙이며 속으로) "정말 큰일났다. 우리
들은 아직 강간도 못했는데 말이야!"
@ 교수님: "한 번 더 여유를 주겠어요. 다음 시간까지는 한 학
생도 빠짐없이 절도를 끝내고 강간까지 한 번씩 해

보고 오도록 하세요. 자, 강의에 들어갑시다!"

그 법대생들끼리의 대화를 곁에서 듣다가 오해와 소외감을 느끼던 그 다른 학과 학생과 같은 교인들이 어느 교회라도 있을 수 있습니다. 어떤 교인들일까요? 그분들은 갓 교회에 등록하였거나, 교회를 다니기 시작하여 지금 정착단계에 있는 교인들입니다. 그들이 오랫동안 본 교회를 다닌 교인들의 모임에 참석하였다가 그런 오해나 소외감을 느끼게 되는 것입니다.

왜냐하면 그 오래된 교인들의 대화와 화제의 중심이 갓 교회에 나온 자신들은 전혀 알 수 없는 과거 교회 이야기, 혹은 옛날 교인들의 이야기이기 때문입니다. 즉 자신들은 그 대화에 동참할 수 없는 화젯거리를 가지고 서로 반말로 이야기 하기 때문입니다.

그래서 그 새신자는 아무 말도 할 수 없어, 그저 꾸어다 놓은 보릿자루처럼 앉아 있으면서 마음 속으로 이런 다짐을 하게 됩니다. "내가 다시는 교회 모임에 참석하나 봐라. 그래, 교회 오래 다닌 당신들끼리 잘 해 보시구려!"라고 말입니다.

물론 새로 모임에 들어온 새 교인과 대화하는 일이 쉬운 일은 아닙니다. 그러나 새 가족의 입장에서 생각해 보며 그를 위한 대화의 열린 마음이 있으면 분명 보혜사 성령님께서 좋은 화젯거리를 주실 것입니다. 이 경건만큼은 이론이 아니라 실천하는 것이 하나님의 뜻일 것입니다.

> 성경 읽기

'신약'보다 '구약'이 더 약효가 있습니다.

교인들 중에는 "후딱신자"가 있습니다. 어떤 신자일까요? 일주일 내내 성경을 한 번 들처보지 않다가 주일을 맞이하는 신자입니다. 주일 아침에 책상이나, 거실 구석에 처박혀 있던 성경을 꺼내보니 먼저가 쌓여 있어 "후…!" 하고 입김으로 그 먼지를 털어 버리는 신자입니다. 그래도 남은 먼지가 보여 손바닥으로 "딱!" 치며 그 먼지를 털어 버리고 교회에 오시는 신자를 "후딱신자"라고 합니다. 혹 성도님은 후딱신자가 아니신지요?

또한 신자들 중에는 갖고 계신 성경책의 창세기와 마태복음 부분은 새까만데 나머지 성경책 부분은 깨끗한 분들도 있습니다. 왜냐하면 "작심삼일형 신자"이기 때문입니다. 물론 후딱신자보다는 훨씬 성장한 신자입니다. 그러면 왜 성경읽기를 다시 결심한 후, 창세기와 마태복음만 반복적으로 읽게 될까요? 아마도 결심이 쉬 식어지기 때문이요. 또한 그 성경 내용이 믿어지지 않아 흥미를 갖지 못하기 때문일 것입니다.

 이런 분들은 마태복음 1장을 대할 때부터 신경질이 나게끔 되어있습니다. 즉 "누구를 낳고, 낳고, 또 낳고…"라는 구절을 읽다 보면 자연히 이런 말이 튀어나오게 됩니다. "쓸데없이 많이 낳았구먼!" 그러나 작심삼일형 신자라도 성경읽기를 통하여 효과를 보는 것이 하나있습니다.

 그것은 도대체 잠이 오지 않아, 엎드려 성경을 읽을 때 그 효과가 나타납니다. 특히 그분이 불면증 환자라면 그 효험이 더욱 큽니다. '신약'은 한 5분이면 약효가 나타나고, '구약'은 단 1분이면 약효를 볼 수 있을 것입니다. 분명한 것은 약효가 신약보다 구약이 더 낫다는 것입니다.

 하나님의 말씀인 성경은 그럼에도 불구하고 계속 읽기를 시도해야 합니다. 그러하면 성령께서 깨달음의 은혜를 주시기 시작할 것입니다. 그것은 점진적으로 임할 것입니다. 예를 들어 마태복음 1장을 볼 때 처음에는 "쓸데없이 많이 낳단 말이야!", 그 다음으로는 "많이 낳으면 좋긴 좋겠다!", 그리고 그 다음으로는 "이것이 바로 예수님의 족보이구먼!"

그 다음으로는 "아니, 유대인 뿐 아니라 이방인도 예수님의 족보에 들어갔다니 신기하도다!", 그 다음으로는 "아, 유대인이나 헬라인이나, 야만인이나 서양인, 동양인, 흑인, 백인, 그리고 황색인 구별없이 예수님을 구주로 영접하면 하늘나라 생명록에 기록된 자들이 되는 것임을 감사합니다!"라는 믿음의 단계로 올라가도록 우리 성령님께서 그 성경읽는 신자들을 인도해 주실 것이기 때문입니다.

또한 혹 그 신자가 읽는 부분을 깨닫지 못하면 조만간 다른 성도와의 만남을 통하여 결국 깨닫게 하시며, 믿고 의지하게 하실 것입니다. "성령이 빌립더러 이르시되 이 병거로 가까이 나아가라 하시거늘 빌립이 달려가서 선지자 이사야의 글 읽는 것을 듣고 말하되 읽는 것을 깨닫느뇨 대답하되 지도하는 사람이 없으니 어찌 깨달을 수 있느뇨 하고 빌립을 청하여 병거에 올라 같이 앉으라 하니라"(행 8:29-31)

"주님을 사랑하는 성도님, 하루에 성경을 몇 장 읽으시는지요? 혹 신문만은 꼭 읽으시는지요?" 지금 하나님의 영이 질문하십니다.

교인 유형/주일 준비

"주일 준비는 토요일 밤부터 시작되는 것입니다."

교인들의 교회출석하는 모습을 풍자적으로 이야기해 보고자 합니다. 현대교회에는 이런 유형의 교인들이 계시다고 합니다.

@ 비무장 교인: 상습적으로 성경책과 찬송가를 안 가지고 다니시는 교인.
@ 소나기 교인: 신년주일, 부흥 사경회, 송구영신 예배 때만 나오는 교인.
@ 온실 교인: 교회 나오기 좋은 날씨에만 출석하는 교인.
@ 납세자 교인: 교회는 가끔 출석하고, 아내 또는 부모님을 통하여 헌금은 꼬박 내는 교인.
@ 명절 교인: 부활절, 추수 감사절, 그리고 성탄절 때에는 어김없이 나오는 교인.

@ 양반 교인: 이미 예배가 시작된지 오래되어 목사님의 설교시간이 되면 그때서야 어슬렁 걸어 들어와 맨 앞자리까지 나아가 앉는 교인(많은 교인들이 눈도장을 찍는 데도 전혀 개의치 않는 특징이 있습니다).

@ 참새 교인: 설교시간, 그리고 헌금시간과 광고시간만 되면 옆에 앉은 교인하고 쉬임없이 이야기 하는 교인.

@ 찬스 교인: 기도 길게 하시는 장로님이 대표기도를 하면 찬스라고 생각하여 그 기회에 한잠 푹 자는 교인.

@ 심사위원 교인: 목사님의 설교에 매주일 점수를 매기며, 예배 후 집으로 가면서 아내에게 자신이 정한 점수를 이야기하며, 자기 마음 속에 기록된 다른 교회 목사님의 점수와 비교하기를 즐겨하는 교인(그것도 자녀들이 듣는 앞에서 말입니다).

@ 모텔 교인: 일부 청년들 중에 있는 유형인데, 이 교회 저 교회를 주일마다 부담없이 바꾸어 다니는 교인.

@ 스파이 교인: 예수님을 믿고, 그분이 주시는 사명으로 교회를 다니는 것이 아니라 응큼한 딴 목적을 가지고 교회를 출입하는 교인.

물론 이런 교인들은 교회를 전혀 나오지 않는 사람들보다는 정말로 귀한 성도들입니다. 그럼에도 불구하고 기억해야 할 것은 생명력 있는 교인은 계속 성장하기를 소원하는 특징이 있다는 것입니다. 그럼 생명력이 있어 성장하는 교인들에게는 주일을 준비하는 특별한 증거가 있습니까? "네, 있습니다. 그것은 바로 그들에게는 주일 준비가 토요일 밤부터 시작된다는 것입니다."

분명한 것은 토요일 밤, 주일 준비에 실패하면 결국 위에서 거론한 교인형 중에 한 사람으로 남고 말 것입니다. 그러나 토요일 밤, 적당한 시간에 TV와 인터넷 혹은 비디오를 끄고 "그래, 당신 말이 맞아요. 이제는 주일을 위하여 자도록 합시다!" 하는 가정식구들은 생명력 있는 교인이 될 것이요, 드디어 주일이 기다려지는 은총을 받게 될 것입니다.

내일 주일예배에 참석하여 하나님의 은혜를 받으려는 자신을 향하여 도전해 오는 토요일 밤의 사탄의 세력을 물리친 후(엡 6:10-20), 승전의 깃발을 침상에 영광스럽게 꽂고, 깊은 잠을 취한 후, 맑은 정신과 육신으로 예배에 참석하는 성도의 반열 위에 올라가는 것을 이제는 사모해야 합니다.

특히 '헤리타 메어즈'(Herietta Mears)라는 분의 말씀에 더욱 귀를 기울여야 할 것입니다. "본당에 예배시간 시작 10분 전에도 들어가지 못하고 있다면 그는 이미 예배에 늦은 교인입니다."

 금연/결단

"타들어 가는 것은 담배 뿐 아닙니다!"

"담배를 피우면 구원받지 못하는가?" 혹은 "구원받지 못한 사람이기에 담배를 피우는 것이 아닐까?" 이런 이야기들은 교회 내에서 심심치 않게 들을 수 있습니다. 그로 인하여 교회출석은 하지만, 과감히 교회봉사 사역의 대열에 들어가지 못하고 늘 뒷전에 있는 것으로 자족하는 교인들을 자주 대하게 됩니다.

그래서 어느 집사님께서 모태신앙이지만 담배를 포기하지 못하고 있는 같은 교회 집사님에게 이런 권면을 하였다는 것입니다. "집사님, 이제는 담배를 끊고 저와 같이 구역장으로 봉사합시다!" 이런 말씀을 드렸더니, 그가 하는 말이 걸작이었다는 것입니다. "그래요, 하나님이 살아 계시니까 언젠가는 끊게 해 주시겠죠!"
 자신의 의지적인 결단없이, 다만 하나님이 끊게 해 주시기를 바라기만 한다면 하나님은 이렇게 대답하실 수도 있을 것입니다. "그래, 그러면 내가 네 폐에 구멍을 뚫어 주랴, 아니면 목에 담배 연기로 검붉게 된 혹을 달아 주랴, 그것이 시원치 않으면, 암 덩어리 한 개를 선물로 주랴. 그래 골라, 골라, 골라 잡아 봐라!"

그 때 가서는 "너희가 나를 여호와인 줄 알리라"(겔 6:7, 13-14)는 말씀을 깨닫게 될 것입니다. 그러나 그런 신앙생활은 채찍으로 맞은 후에야 주인의 뜻에 순종하는 소와 돼지같은 하등동물에 속하는 믿음일 것입니다. 만일 하나님께서 우리 코를 담배연기를 내뿜는 용도로 사용하기 위해 만드셨다면, 지금의 위치가 아니라 아마도 머리 바로 윗쪽으로 뚫어서 창조하셨을 것입니다. 코의 창조 위치를 보더라도 담배는 하나님이 싫어하시는 것임이 분명합니다.

물론 담배를 피우기에 구원을 받지 못하는 것은 아닙니다. 왜냐하면 성경은 "너희가 그 은혜를 인하여 믿음으로 말미암아 구원을 얻었나니 이것은 너희에게서 난 것이 아니요 하나님의 선물이라 행위에서 난 것이 아니니 이는 누구든지 자랑치 못하게 함이니라"(엡 2:8-9)고 말씀하고 있기 때문입니다. 다만 구원받은 사람이라면 이제는 담배를 피우는 일에 대하여 수치를 느끼기 시작하며, 그것을 끊고자 하는 노력과 경건이 계속될 것입니다.

그런데 흡연하는 사람들은 담배를 피우며 스트레스를 푼다고 합니다. 또한 삶의 여유와 정신적인 안정을 얻을 수 있다고 합니다. 그러나 타들어 가는 것은 결코 담배 뿐이 아닙니다. 우리들은 건강과 가정의 행복, 그리고 교회생활의 담력까지 타들어 가는 것을 기억해야 합니다. 한 모금의 담배연기에는 약 4,000여 종의 화학물질이 들어 있고, 발암물질도 43종이나 들어 있습니다.

중독이 되면 죽음을 일으킨다는 카드뮴과 비소가 들어 있고, 심지어 다이옥신 성분까지 들어 있는 것으로 밝혀지고 있습니다. 또한 중독성 마약으로 분류되어 있는 니코틴, 그리고 암과 직결되어 있는 타르도 가득 들어 있습니다. 흡연은 혼자만의 문제가 아닙니다. 간접흡연 역시 직접흡연만큼 위험한 것으로 밝혀졌습니다.

그러므로 담배연기가 타들어 갈 때, 자신 뿐 아니라 가족의 건강과 행복도 같이 타고 있음을 명심할 때 다시 한 번의 결단이 성령의 은혜로 있게 될 것입니다. 그리고 담배는 "내가 끊는 것이 아니라, 성령 하나님께서 끊게 해 주셔야 끊을 수 있음을 간증"할 때가 올 것입니다. 용기를 내세요! 그리고 성령님의 역사를 사모하세요!

> 유머 감각

"오시오! 자시오! 가시오!"

🌳 이미 소천하신 정병환 장로님께서는 총회 회계로서 봉사할 정도로 사역의 범위가 넓으셨던 분이셨습니다. 물론 본 교회 원로 장로님이셨습니다. 그분께서는 후배 장로들에게 가끔 재미있는 이야기를 들려 주시므로 당회실에 웃음꽃이 피게 하셨습니다. 그 중, 후배 장로들이 지금도 기억하며 웃는 이야기 하나를 전해 드리고자 합니다.

옛날, 어느 양반이 잣을 파는 가게 앞을 지나가게 되었습니다. 중국산 잣이 수입된 지금도 값이 비싼 것이 바로 잣인데, 그 옛날이야 얼마나 귀하였겠습니까? 먹고 싶으나 돈이 없었던 그 양반은 꾀를 내어 주인에게 이런 질문을 하였습니다.

@ 양반: (손으로 자기 옷을 가리키며) "주인 양반, 이것이 무엇

입니까?"
@ 주인: "오시오!" (실은 "옷이요!"라고 대답한 것인데…)
그래서 잣가게로 들어간 양반….
@ 양반: (한 움큼의 잣을 손으로 쥐고 하는 말) "이게 무엇인가요?"
@ 주인: "자시오!" (실은 "잣이요!"라고 대답한 것인데…)
그 말이 떨어지기가 무섭게 그 양반은 잣을 자시기 시작하였답니다. 어리둥절하는 주인에게 이 양반은 또 질문을 하였습니다.
@ 양반: (자기 머리에 쓴 갓을 가리키며) "주인 양반, 이것은 무엇입니까?"
별 이상한 손님을 다 보겠다는 표정으로 주인이 대답하기를….
@ 주인: "가시오!" (실은 "갓이요!"라고 대답을 한 것인데…)
@ 양반: "그럽시다! 가라고 하니 가야죠!"라고 가게를 떠났다는 것입니다.

장로님 한 분께서 12월 31일 밤, 송구영신 예배를 앞두고 동료 장로님들을 자택으로 초청하여 식사를 대접하던 중, 나온 고(故) 정병환 장로님께서 하셨던 우스갯 소리는 그 자리를 더욱 즐겁고 화기애애하게 만들었던 것을 추억합니다.

우리 교회는 인천에서 두 번째로 오래 된 장로교회이기에, 교회 이름이 인천 제2장로교회입니다. 우리 교인들이 큰 자부심과 함께 말하는 교회 자랑은 54년이 지난 교회이지만 담임목사님은 단 두 번의 교체 밖에 없었다는 사실입니다.

우리 교인들이 더욱 자랑으로 여기며 하나님께 감사 드리는 것은 그 교체 이유가 무슨 유고가 있었기에 교체된 것이 아니요 다만 소천, 그리고 정년은퇴하셨기 때문입니다. 즉 초대 담임은 이승길 목사님이셨습니다(본 교단 25대 총회장). 그분은 위임되신 후, 소천하실 때까지 줄곧 제2교회만 섬겼으며, 소천하신 후에는 그분 곁에서 부교역자로 약 10여 년 동안 사역하시던 이삼성 목사님이 담임목사로 봉사하시게 되었습니다.

제2대 담임이셨던 이목사님(본 교단 77대 총회장)도 평생을 본교회를 섬겼으니, 근속 38년이 그것을 입증해 주고 있습니다. 그리고 총회헌법에 의거하여 정년퇴임을 하셨고, 그분 밑에서 부교역자로 봉사하던 부족한 제가 제3대 담임목사로 봉사하고 있으니 한국교계에서 그리 흔하지 않는 좋은 전통이 이어져 가고 있습니다.

이 모든 것은 먼저는 하나님의 은혜입니다(고전 15:10). 그리고 과거 두 분 목사님의 목회 인품이 귀하셨기 때문일 것입니다.

그리고 당회원들이 하나되어 온 교인들을 잘 인도하신 결과라고 믿고 있습니다. 훌륭한 목사님들 곁에는 분명 훌륭한 당회와 장로님들이 계셨음을 부인할 분은 없을 것입니다. 왜냐하면 수십 평생 한 교회에서 설교하시는 목사님도 훌륭하지만, 그 설교를 수십 년 동안 들어 주시는 장로님들은 더욱 훌륭하지 않겠습니까?

그리고 훌륭한 당회에는 꼭 유머 감각이 있는 장로님이 계십니다. 그런 분은 약방에 감초 이상의 장로님이십니다. 딱딱하고, 경직될 수 있는 가능성을 품고 있는 당회와 농묘 상토님들을 위하여 예상치 못할 때, 예상치 못한 즐거운 이야기로 분위기를 반전케 해 주시는 장로님들이 바로 그런 장로님이십니다. 마치 고(故) 정병환 장로님처럼 말입니다.

지도자는 유머 감각이 있어야 합니다. 특히 교회 평신도 지도자 장로님에게는 더욱 그것이 필요할 것입니다. 내년에는 장로님들 생신선물을 "유머 책자"로 해 볼까 생각해 봅니다.

 대화

"우아, 우리 아빠는 천재다, 천재…."

유치원을 다니고 있는 귀여운 딸이 퇴근하여 집에 들어오는 아빠에게 다짜고짜 이렇게 물었습니다. "아빠, 나 오늘 에버랜드에 놀러 갔게, 안 갔게?" "갔지!" "어, 아빠! 어떻게 알았어?"라며 딸은 신기한 표정으로 다시 물었습니다.

"그럼, 아빠! 내가 엄마랑, 그리고 친구 엄마 두 명이랑, 친구 둘하고 같이 갔게, 안 갔게?" "같이 갔지!" "우아! 우리 아빠는 천재다, 천재…. 어떻게 6명이 갔다 온 것을 정확히 알 수 있었을까?"라며 존경스러운 눈초리로 다시 물었습니다.

"그런데 아빠, 그 에버랜드에서 5월이 어린이 달이라고 어린이들에게 아기곰 인형을 선물로 주었게, 안 주었게?" "주었지!" 그러자 딸은 희한하다는 표정으로 다시 아빠에게 물었습니다. "아마도 이건 아빠라도 못 맞출거야. 그러면 그 인형이 검은색이게, 아니게?" "검은색이지!"

그러자 그의 딸은 아빠를 아빠가 아니라, 경외하는 신을 보는 것처럼 쳐다 보면서 마지막으로 이런 질문을 하였습니다. "그런데 아빠, 마지막으로 물어 볼게. 에버랜드가 용인에 있게, 다른 곳에 있게?" "용인에 있지!" "아, 어, 어떻게 우리 아빠는 내가 물어보는 것을 다 알 수 있지?" 그 어린 딸은 감격해서 눈물까지 흘렸다는 것입니다.

마찬가지로 자신이 보기에는 엄청나게 유치해 보이는 질문이라도 갓 등록한 새 가족이나, 지금 신앙이 막 성장하고 있는 교인에게는 중요한 질문일 수도 있습니다. 즉 그분들로서는 설레임 속에 드리는 질문일 수도 있다는 것입니다. 마치 빌립 집사에게 질문하였던 에디오피아의 내시처럼 말입니다(행 8:26-40).

그럴 때 자신은 이미 알고 있는 진리이며, 또한 대답할 가치조차 없는 질문이라도 자상하게, 그리고 정성을 다해 대답해 드리면 그들은 우리를 보며 놀라며, 우리들의 신앙에 대하여 경의를 표할 것입니다. 마치 그 내시가 빌립 집사의 정성어린 설명을 듣고, 즉시 병거를 세우고 빌립과 함께 광야의 물구덩이로 들어가

세례를 받듯이 말입니다.

　교회생활 뿐 아닙니다. 가정에서도 부부지간, 부자지간, 심지어 고부지간에 하루 5분 정도의 '대화'만 있다면 가정의 행복을 막고 있는 어떤 여리고 성도 결국 무너질 수밖에 없을 것입니다. 여기서 제가 말씀 드리는 5분이라는 시간은 서로에게 '지시'하는 시간을 포함시키지 않은 시간입니다. 즉 "신문가져 오라!", "구두를 좀 닦아야지, 게을러 빠져서 참…." 또는 "요새 반찬이 이게 뭐야? 날 토끼로 착각하고 있나? 어이 없구먼!" 혹은 "이제 불 끄고 자자!"라고 지시하는 시간을 제외하고 말입니다.

　우리를 향한 사탄적인 역사의 특징은 우리들을 더욱 바쁘게 만들어서, 결국 서로 대화를 하지 못하도록 하는 전법이라는 것을 이미 알고 있을 것입니다. 더 이상 사이가 벌어져, 그로 인한 아픔을 서로 당하기 전에 우리들의 교회와 가정의 대화의 창문을 활짝 열어야 할 것입니다. 그 누가 열어 주기를 바라지 말고, 내가 지금 열어야 할 것입니다.

> 사탄의 도구

"나는 5분도 되지 않아 잊어 버리는데…."

 우리 아들은 저와 닮은 것이 너무나 많습니다. 자기 물건을 챙기지 못하는 것, 부모가 한날 용돈을 주면 10일도 가지 못하는 것, 공부를 잘하지 못하는 것, 그러나 친구들은 유난히 많은 것, 그래서 늘 친구들과 자기 방에서 같이 자기를 좋아하는 것 등 그 외에도 많습니다.

그래서 우리 부자는 붕어빵, 국화빵, 잉어빵과 같은 관계입니다. 그런데 아들 친구 중에는 어머님이 먼저 세상을 떠나고, 아버지는 그 녀석을 잘 양육해 주지 못하여 집시나 떠돌이처럼 살아가는 친구가 있었습니다. 한 번은 세탁한 옷이 없다기에 제 아들의 옷을 빌려(?) 주었습니다. 그리고 벗고 간 그 녀석의 잠바와 바지, 그리고 속옷을 세탁하려던 아내는 그 옷들에서 나는 엄청난 냄새로 알레르기 현상이 재발되고 말았습니다.

그런데 그 녀석은 우리 집에서만 자는 것이 아닙니다. 어느 날 다른 친구 집에서 하룻밤을 머물게 되었답니다. 며칠, 아니 몇 주일을 옷을 갈아 입지 못하였으니 그 친구 방에서 나는 냄새는 향수병, 로션병, 스킨병을 다 털어 부어도 이겨내지 못할 정도였다는 것이었습니다.

밤이 깊어, 그 친구의 어머님이 아들의 방으로 간식을 가지고 들어 갔던 모양입니다. 문을 열자 너무나 희안한 냄새에 잠시 머뭇거리던 그 어머님의 외침 소리는 그 녀석과 우리 아들, 그리고 모든 친구들에게 웃지 못할 추억을 만들고 말았답니다. "야, 이 녀석들아, 어찌 방 안에서 오징어를 구어 먹냐? 당장 부르스타의 불을 끄지 못해?"

너무나 역겹고 토할 것같은 강렬한 냄새는 그 안에 있는 모든 냄새들을 죽여 버립니다. 심지어 좋은 냄새까지 말입니다. 마찬가지로 너무나 자기 중심적인 판단만 주장하는 사람들이 교회 공동체에 있게 되면, 그들로 인하여 작고 큰 공동체 안에 있는 많은 교인들이 상처를 받게 됩니다. 그 결과 분열과 아픔을 피차 경험하며, 교회가 사회보다 더 추한 모습을 보여 줄 수도 있을 것입니다.

사탄은 예수님을 로마군에게 팔고자 했을 때 자신이 직접 나서지 않았습니다. "가롯 유다"라는 사람을 악용하였습니다(마

26:23-25). 마찬가지로 사탄이 하나님의 교회를 분열시키고 넘어지게 하는 일에도 자신은 결코 전면에 나서지 않습니다. 어느 교인을 사용할 것입니다. 특히 다른 이들은 감히 생각하고 행할 수 없을 정도의 극단적이며, 격한 성격의 소유자를 겨냥할 것입니다.

혹 내가 그 사탄의 도구일까? 아닐까? 궁금하십니까? 그 해답은 간단합니다. 정작, 우리 아들 친구녀석은 자신의 발과 몸에서 나는 냄새를 잘 맡지 못한다는 것입니다. 마찬가지로 교회에서도 그런 분들은 자신의 격정적인 성격의 잘못됨을 잘 인식하지 못하고 있다는 것이 문제입니다. 그리고 일을 저질러 놓고 하는 말은 늘 이렇습니다.

"나는 화를 잘 내기는 하지만 5분도 되지 않아 그것을 잊어 버리는데, 그 집사님은 너무나 쉽게 상처를 받고, 또 오래 간단 말이야!" 이런 푸념을 몇 번 늘어 놓은 기억이 있는 교인이거든, 자신을 향하여 너그럽던 마음에 채찍을 가하는 은혜를 어서 속히 받아야 할 것입니다. 왜냐하면 이곳은 하나님이 자신의 외아들을 십자가에 못 박혀 죽임 당하게 하시면서도 사랑하시고, 존귀히 여기시는 교회이기 때문입니다.

> 오해

"무슨 이유가 있을 거야!"

한 청년이 길거리를 걸어 가고 있었습니다. 무심코 전신주를 바라보다가 정말로 화급한 장면을 보게 되었습니다. 어느 중년 아저씨가 그 곳에 매달려 발을 심하게 떠는 것이 아닙니까? 그러자 그 청년은 "아하, 저 아저씨가 전기에 감전이 되었구나!" 하는 생각이 스쳐가는 동시에, 자기 손으로 끌어내리다가 같이 감전될 것 같은 생각에 주위를 두리번 거리기 시작하였습니다.

마침 큰 몽둥이같은 나무토막이 보이기에, 반사적으로 집어 들었습니다. 그리고 전신주에 매달려 떨고 있는 그 아저씨의 어깨를 힘껏 내려쳤습니다. 다행히 그는 전신주에서 떨어져 땅바닥에 드러눕고 말았습니다. 그는 급히 병원으로 후송되어 응급실에서 치료를 받고 입원하게 되었으나, 전기에 감전되어 입원하게 된 것이 아니라 어깨에 맞았던 그 몽둥이 찜질 때문에 입원하고 말았습니다.

그 이유가 무엇이었을까요? 아저씨는 그 순간 감전된 상태가 아니었기 때문입니다. 다만 전신주에 올라 가야 할 일이 있어 올라가다가, 잠시 신발 속에 있던 흙을 털고 있었을 뿐이었습니다. 즉 "아니, 오늘따라 양쪽 신발 속에 웬 흙이 이렇게 많이 있어?"라며 양쪽 발을 털었던 것 뿐이었는데, 그만 그 청년이 오해를 하고 말았던 것이었습니다.

어느 교회에 늘 옷을 화려하게 입고 예배를 드리는 여집사님이 계셨습니다. 겨울철, 중국여행을 다녀오셨다는 이야기를 들었는데 그날 따라 더 고급스럽게 옷을 입고 예배를 드린 후, 퇴장하는데 고개를 바짝 쳐들고 나오는 것이 아닙니까? 주위에 있던 교인들과 교역자들이 반갑게 인사를 해도 못 본 척하며 총총걸음으로 나가자, 참새 여집사들이 입방아를 찧기 시작하였습니다.

"남편 잘 만나 옷 잘 입고 해외여행 자주 다니더니 이제는 교만하여 인사까지 받지 않는구먼? 참, 누가 인사하라고 하나? 하는 인사를 받기는 해야 하는 것 아니야? 아니, 머리와 어깨에 기브스 했나? 쳐들고 다니기는 말이야…" 그렇게 공격을 당하는 그 여집사님을 아끼는 친구 집사가 그 참새들의 험담을 듣고 안타까운 심정으로 전화를 하였습니다.

"김집사, 왜 예배 후, 나오면서 인사하지도 않고 천정을 쳐다보며 나왔어? 교만해 보인다고 하잖아…." 그러자 그 김집사님의 말이 걸작이었다는 것입니다. "아니야, 나 말이야, 중국여행 중에 독감이 들어 지금 난리야, 난리! 고장난 수도꼭지에서 하염없이 물이 나오듯 흘러 나오는 콧물을 예배 중에는 어떻게 해결했는데, 퇴장할 때에 흐르는 콧물을 닦을 수건이나 휴지가 있어야지…. 할 수 없이 고개를 쳐들면 흐르는 콧물이 멈출까 하는 마음에서 그런 것 뿐인데, 네 말 듣고 보니 나도 섭섭하다, 야!"

이미 소천하였으나, 우리 교회에 처음 나오기 시작한 30대 자매가 있었습니다. 그녀는 늘 모자를 쓰고 예배를 드렸습니다. 그러자 그 모습이 눈에 거슬렸던지 어느 연세 많은 교인이 이렇게 이야기를 하였다는 것입니다. "예배당 안에서는 모자를 벗는 것이 예의가 아닐까? 자매님!" 그러나 그 자매는 급성 백혈병으로 투병하고 있기에 이미 머리카락이 없는 자매였습니다. 그럼에도 불구하고 예배를 드리며 자신과 암을 이겨내려고 한 것 뿐이었는데 그것이 오해가 된 것입니다.

예배 중, 안경을 쓰는 것과 모자를 쓰는 것이 그리 큰 차이가 있을까요? 우리들의 관계의 오해와 아픔은 큰 일에서 시작되지 않습니다. 아주 작은 일 때문입니다. 그러므로 상대방의 언뜻 이해하기 어려운 언행을 보면서 늘 "무슨 이유가 있을 거야!" 하는 여유로운 마음과 말을 가져야 할 것입니다. 그런 경건이 결국 그 교인과 자신과의 관계를 더욱 윤택하게 만드는 원동력이 될 것입니다.

때로 나는 마땅히 해야 할 이야기를 했다고 자부할 수 있으나, 특별한 이유가 있었던 그분이 듣기에는 너무나 어처구니 없는 낭설을 퍼뜨리는 사람이 될 수 있기 때문입니다. 마치 어느 시민이 "정부는 유부초밥에 유부녀를 투입하라!" 혹은 "누드 김밥에 검은 옷을 입혀 주어라!"며 피켓시위를 시청에서 하는 것을 보며 많은 사람들이 어이없어 하듯이 말입니다.

잠/영적인 각성

"지금은 자다가 깰 때입니다."

 "또한 너희가 이 시기를 알거니와 자다가 깰 때가 벌써 되었으니…"(롬 13:11)

사도 바울의 이 권면 속에 '이 시기' 란 그리스도의 재림 직전의 시기입니다(고전 15:23). 또한 '벌써' 라는 단어는 종말론적인 믿음을 가지고 주님의 재림을 대망하는 삶을 살아야 할 우리들을 조명합니다. 그리고 '자다가 깰 때가 되었다는 것' 은 현실적인 기쁨과 욕망에 얽매임 받아 영적인 잠에 깊이 빠져 있는 교인들을 향한 경고의 말씀입니다.

성도님은 한 번쯤 "기도는 영적 호흡이요, 성경말씀은 우리 영혼의 양식이라"는 좋은 말을 들어 보셨을 것입니다. 그럼에도 불구하고 예배시간에 우리들이 제일 견디기 힘들어 하는 순서가 무엇입니까? 찬송시간? 찬양대 찬양시간? 헌금시간? 아니면 광고

시간입니까? 아닐 것입니다. 바로 목사님의 설교시간이야말로 우리들이 자다가 깰 때가 된 시간이 아닐까 염려해 봅니다. 왜냐하면 우리들에게 설교시간이 계속 지루함의 시간이 된다면, 우리의 영혼은 이미 영양실조에 걸린지 오래되어 파리해진 영혼이 되어가고 있기 때문입니다.

엄마 따라 장년예배를 드리던 아이가 설교시간이 너무나 지루해서 이리 비틀고, 저리 비틀다가 자기 엄마에게 이렇게 말씀드렸다는 것입니다. "(작은 목소리로) 엄마, 내 사탕을 목사님께 드리면, 목사님께서 나 지금 나가게 해 주실까?" 그래서 요즘 주일학교 학생들이 하는 이야기들 중 이런 말이 있다고 합니다. 선생님이 질문을 하였습니다. "학생들, 교회 본당에서 부모님과 같이 예배를 드릴 때 조용히 앉아 있어야 하는 이유를 아는 학생은 말해 보세요?" 그러자 한 학생이 자신 있는 목소리로 대답하였습니다. "네, 선생님! 어르신들이 주무실 때는 깨시지 않게 조용히 있어야 하는 것입니다! 맞았죠?"

연세 많으신 할머님 교인이 목사님의 설교시간마다 눈을 지극히 감고 몸을 흔들며 "아멘, 할렐루야!"를 주문 외우듯이 말씀하시기에 같이 예배를 드렸던 따님이 교회버스 안에서 어머님께 이런 질문을 드렸다는 것입니다. "아니, 엄마! 엄마는 목사님 설교

시간에 그렇게 시도 때도 없이 '아멘, 할렐루야'를 외치시는거야. 좀 창피하다." 그랬더니 이 어머님의 대답이 걸작이었다는 것입니다. "응, 그건 실은, 내가 목사님께 '나 지금 졸지 않고 있으니 나는 신경쓰지 마시고 계속 설교하세요.' 라는 것을 전해 드리는 일종의 암호와 같은 것이야!"

저도 가끔 부교역자께서 설교하실 때, 졸음이 오며 힘들 때가 있는데 왜 성도님들이라고 그럴 때가 없겠습니까? 특히 예수님이 부활하셨다는 진리를 제일 실감있게 체험하며 확인하는 순간이 있습니다. 그 때는 바로 저의 설교 후, 마무리 기도하고 나서 교인들의 얼굴과 표정을 살펴 보면 정말로 "주님이 부활하셨구나!" 하는 것을 부인할 수 없습니다.

요새 많은 교회들이 예배 후, 교인들을 그냥 보내지 않고 교인끼리 인사를 하게 하거나, 혹은 일어나게 하여 복음송 1절을 다같이 손잡고 부르고 교회를 떠나게 하지 않습니까? 그렇게 하는데는 다 이유가 있다고 합니다. 예배, 특히 설교시간에 주무시던 분들이 완전히 깨어나지 않은 상태에서 잠결에 운전하다가 대형사고를 낼 것이 우려가 되어 그렇게 한다는 설이 있는데, 그저 낭설이겠죠.

좌우간 사탄이 우리를 영양실조 걸리게 하는 방법을 이제는 아시겠죠? 그런데 우리들은 영혼과 함께 육신을 소유한 하나님의 형상입니다. 그러므로 주일설교 듣기 준비는 토요일 밤, 육신의 적절한 휴식과 적당한 잠에서 시작됨을 결코 잊지 마셔야 합니다.

이 일은 영적 전투입니다. 그리고 설교를 못 듣게 하는 싸움에서 승리하시는 분은 십자가의 정병이 되어 예배당을 떠날 수 있게 될 것입니다. "종말로 너희가 주 안에서와 그 힘의 능력으로 강건하여지고 마귀의 궤계를 능히 대적하기 위하여 하나님의 전신갑주를 입으라"(엡 6:10-11) 아멘!

> 인간 관계

강대상을 너무 빨리 치신 목사님!

혹. 유달리 방귀가 심한 분들이 주위에 계시는지요? 프로야구 선수이며, 최진실씨 남편인 그분도 그렇게 심하다는 이야기를 들었습니다. 그런데 인천의 어느 노회 목사님 중에 그런 분이 계셨습니다. 특히 설교할 때 나오는 것은 참으로 감당하기가 어려웠다는 것입니다.

무엇보다도 대표기도하시고 강대상 뒤에 앉아 계신 장로님에게 어찌나 미안한지요? 그래서 묘책을 만들어 실천에 옮기기로 했습니다. 그것은 설교할 때, 그것이 나오면 때를 맞추어 강대상을 손으로 치는 것이었습니다. 마치 그 부분의 말씀을 강조하듯이 말입니다. 대단한 효과가 있었습니다. 그리고 뒤에 계신 장로님에게도 미안함이 줄어들게 되었습니다.

그러나 어느 날 주일이었습니다. 그 날도 설교 중, 또 그 비상사태가 일어날 기미가 보였습니다. 그래서 그 날도 설교내용을 강조하는 것처럼 위장하기로 작정하였습니다. 즉 강대상을 손으로 힘껏 치는 것이었습니다. 그러나 그날 따라 타이밍이 제대로 맞지 않았습니다. 그것이 나오는 시간보다 강대상을 너무 빨리 치고 말았습니다. "따악!" 잠시 후, "뽀 옹!"….

물론 기도를 하셨던 장로님도 아셨지만, 마이크를 통하여 일부 교인들도 알게 되었습니다. 그 사실이 탄로난 것도 당황스러운 일이었으나, 그 후 더욱 괴로운 일이 설교시간마다 생기기 시작하였습니다. 그것은 진짜 그 부문의 설교말씀을 강조하고자 하여 손으로 강대상을 내리치고 싶어도 할 수 없는 것이었습니다. 물론 그 이유를 다 아시겠지요?

그렇습니다. 만일 목사님께서 대심방을 빨리 끝내고 점심을 대접하고자 하는 교인들의 강권함을 못 이겨 인천 앞바다 유람선 안에 있는 레스토랑에서 몇 번 식사를 하게 되면, 그 목사님은 교회 내에서 그런 고급 음식점만을 선호하는 목사로 각인되고 말 것입니다. 반면 그 대접하는 교인들이 재정적으로 힘든 분들이라 몇 번 자장면과 짬뽕을 즐겨 먹으면, 어느새 참으로 검소한 목사님으로 교인들 사이에서 인정되고 말 것입니다.

이런 선입관념, 특히 자신이 섬기는 교회 목사님을 향한 선입관념은 그 목사님 뿐 아니라, 자신의 신앙생활에 큰 영향을 주는 것을 부인할 수 없습니다. 그러므로 목사님을 향한 '선입관념'이 '고정관념'이 되지 않도록 노력해야 합니다. 나중에 알게 되면 소문만큼 그런 분이 아니기 때문입니다. 물론 목사님들도 그 어느 교인들을 향한 선입관념이 고정관념이 되지 않도록 노력해야 할 것입니다.

이런 아름다운 관계 형성을 위한 지름길이 여기 있습니다. 그것은 목사님은 할 수 있거든 교인들 입장에서 해석하려고 하며, 동시에 교인들은 늘 목사님 입장에서 그 문제를 이해하려고 하는 쌍곡선이 그려지다가, 한가운데서 만나는 관계를 유지하고자 노력하는 것입니다.

즉 목사님은 더욱 무릎으로 교인들을 섬기고자 하는데, 반대로 교인들은 목사님을 어떻게 해서라도 잘 해 드리려고 할 때 이 좋은 관계는 이루어지고 유지될 것입니다. 그러나 목사님은 어떻게 해서라도 대접을 받으려고 하는데, 교인들은 무슨 수를 동원해서라도 그분을 가난하게 만들려고 할 때, 비극적인 관계가 형성되며 세상의 어두움과 썩어짐의 교회와 교인으로 낙인 찍히고 말 것입니다.

과연 우리들의 관계가 천국가는 그날 아침까지 마치 선한 목자와 양같은 관계로 유지될 수 있을까요? 될 수 있습니다. 성령님이 함께 하시고 우리들이 노력할 때 가능합니다. 마치 눈이 많이 온 어느 날, 원로목사님께서 사시는 아파트의 경비 아저씨처럼만 한다면 말입니다. 그분은 아파트 입구 계단의 눈을 일일이 치우고, 그 눈 속에 있던 얼음을 깨고 삽으로 긁어내고 있었습니다. 그래도 혹 주민들이 미끄러워 넘어질까 염려가 되었는지 낡은 담요를 정성으로 깔고 계셨습니다.

 그 경비 아저씨의 주민들을 향한 이해심과 사랑, 그리고 땀방울이 필요한 우리들이 아닐까요? 결코 그 누구도 미끄러 넘어질 일이 없도록 하기 위해서 말입니다.

2부
말강 커피

성화

"잘못된 것은 아닙니다.
다만 오해일 뿐입니다!"

고양이와 개의 관계는 생태적으로 나쁠 수밖에 없다고 합니다. 왜냐하면 그들의 감정표현이 다르며, 그로 인한 오해 때문입니다. 즉 고양이는 반가울 때, 털을 세우고 꼬리를 치켜 든다고 합니다. 그러나 개는 그 무엇을 향하여 공격하고자 할 때, 털을 세우고 꼬리를 높이 든다는 것입니다. 그러므로 그 본능적인 문제가 해결되지 않고서는 관계 개선이 그리 쉽지 않을 것입니다.

우리나라 남자와 결혼한 어느 미국인 아내의 이야기입니다. 국제결혼을 하였으니 때때로 문화적 차이의 아픔을 어찌 아니 경험하였겠습니까? 그 중, 결혼 초기에 집안 어르신들에게 책망을 받을 때마다 피차 간의 오해가 적지 않았다는 것입니다. 왜냐하면 미국에서 어른에게 권면이나 충고를 받을 때에는 그 어르신의 눈을 똑바로 쳐다 보아야 한다는 것입니다.

만일 우리나라 식으로 눈길을 바닥으로 향한다면 "어허, 얼굴은 들고 나를 똑바로 쳐다 보아라!"는 책망까지 받게 된다는 것입니다. 그런데 결혼 후, 한국 시어머니에게 혼날 때, 미국문화 속에 자란 습관을 버리지 못하고 고개를 쳐들고 눈을 똑바로 뜨고 말씀을 들었다는 것입니다. 그러나 우리나라 문화를 알지 못하였던 그 시절, 그 모습은 어르신들에게 버릇없는 며느리라는 말을 듣기에 충분하였다는 것입니다.

마찬가지입니다. 그리스도인이 하나님의 존재와 역사하심을 부정하는 이 세상 조직 속에서 살아갈 때에, 오해와 핍박을 받을 수 있다는 것은 결코 놀라운 사실이 아닙니다. 그래서 사도 바울께서도 그리스도와 벨리알이 어찌 조화되며, 믿는 자와 믿지 않는 자가 어찌 상관하겠느냐는 말씀까지 하셨던 것입니다(고후 6:15).

왜 우리들은 오해, 그리고 그로 인한 아픔을 겪어야 합니까? 우리 안에는 성령과 하나님의 말씀이 거하는데, 그분들은 그렇지 않기 때문입니다. 또한 우리들의 삶의 목표와 그분들의 목표와 소망이 다르기 때문입니다. 이런 차이로 인하여 혹 내가 잘못 살고 있는 것이 아닐까, 혹은 너무 유달리 티를 내는 것이 아닐까 하는 착각이 드는 순간도 있음을 애써 부인할 필요는 없습니다. 왜냐하면 잘못된 것, 티를 내는 것이 아니라 다만 오해를 받고 있는 것 뿐이기 때문입니다.

또한 그런 순간들을 넘어 드디어 내가 세상의 빛과 소금이 되어가는 감격의 때가 도래하고 있기 때문입니다. 결코 더 이상 동화되지 마세요! 곁에서는 너처럼 유연하게 예수 믿어야 한다고 칭찬하지만, 돌아서서는 만일 내가 교회를 다닌다면 저 녀석처럼 믿지는 않겠다고 중얼거리기 때문입니다. 반대로 세속 속에서 거룩을 유지하세요! 우리들 곁에서는 재수없다고 투덜거릴지 몰라도, 돌아서 집으로 가는 차 안에서는 만일 내가 예수를 믿는다면 그 분처럼 믿을 것이며, 그분이 다니는 교회를 다니고 싶다고 중얼거릴 것이기 때문입니다.

우리 교회에는 직장에서 예수님이라는 애칭을 듣는 분이 계십니다. 물론 그 직장에 같이 근무하고 있는 '예비교인'('불신자'라는 단어보다는 좋은 듯합니다)들 사이에서 비아냥 거리는 별칭은 아닙니다. 결국 그의 신앙과 삶에 감탄사와 함께 감동되고 굴복한 분들의 고백입니다. 그렇게 되기 위해서 그는 그들보다 더 희생적으로 살았습니다. 더욱 열심히 일을 하였습니다. 그의 그런 삶을 보시고 하나님께서는 성결의 영을 더욱 충만케 하신 것입니다.

 그리스도의 향기요, 편지의 삶을 살아간다는 것은 참으로 보람 있는 생애가 되는 것입니다. 그가 하나님의 자녀이거든 말입니다. 다만 적당히 사기치고, 거짓말하며, 다른 사람을 부당하게 억압하다가 들통나, 고통과 오해를 받으면서도 자신은 예수님처럼 핍박을 받고 있으며 십자가를 지고 있다고 말한다면 하나님이 웃으실 것입니다. 장미꽃이 썩으면 다른 꽃보다 냄새가 더욱 지독하기 때문입니다.

> 대화/사랑의 표현

바보온달과 평강공주

전형적인 경상도 남편은 자기 아내에게 하루에 세 마디만을 말한다고 합니다. "아는? 묵자! 자자!" 물론 웃자고 하는 말이겠지요. 그런데 로마 바티칸에 가면 오래된 도서관이 있는데, 그곳에는 다른 도서관에서 볼 수 없는 희귀한 자료들이 전시되어 있다고 합니다.

특히 그곳에는 두 개의 성경이 진열되어 있는데, 한 권은 부피가 60센티미터나 되는 매우 큰 책입니다. 그리고 나머지 한 권의 성경은 가로와 세로가 약 3센티미터 밖에 되지 않는 초소형 성경책이 진열되어 있습니다.

그 박물관에는 방문하는 관광객들을 위한 안내원이 있는데, 그의 설명을 듣는 사람마다 큰 교훈을 받는다고 합니다. "잘 들어

보세요! 여기에 있는 큰 성경책은 아내 이브가 남편 아담에게 이야기한 내용들이 다 기록되어 있습니다. 그리고 저기 있는 작은 성경책을 보세요. 얼마나 작은지 그 안에 기록된 글을 거의 읽을 수가 없습니다. 그런데 그 책의 내용은 바로 남편 아담이 아내 이브에게 한 말이 다 기록되어 있다고 합니다."

아마도 우리네 가정에서의 부부 간의 대화 관계에서도 그 성경책들의 크기 차이와 그리 크게 다르지 않을 것 같습니다. 어느 교회에 다니는 남자 집사님의 아내와의 유일한 대화 시간은 부부싸움하는 시간이라는 이야기를 들어 보았습니다. 성경에는 "마른 떡 한 조각만 있고도 화목하는 것이 육선이 집에 가득하고 다투는 것보다 나으니라"(잠 17:1)는 말씀이 있는데 말입니다. 참으로 비극입니다. 교회 안에서 여성도들에게는 그렇게 자상하고 친절하게 대화하는 남집사님이라고 하시는데 말입니다.

결혼 후, 부부의 대화 시간이 결혼년수와 반비례하는 것은 당연한 이치라고 말할 수도 있습니다. 그럼에도 불구하고 우리들이 한 결혼서약 속에는, 죽을 때까지 대화의 마라톤을 함께 하겠다는 언약이 포함되어 있음을 다시 상기해야 할 것입니다. 한 교육학자는 이런 말씀을 하셨습니다. 즉 "부부에게 하루 단 5분의 대화 시간만 있다면 이혼이라는 것을 생각할 이유가 없을 것"이라고 말입니다(엡 4:29).

그러나 우리 중년 및 장년의 남편들이 어느 날 갑자기, 그리고 그리 쉽게 대화의 문이 열릴 것 같지 않아 이런 방법을 제의해 보고자 합니다. 만일 전혀 기대하고 있지 않을 때 사랑의 마음이 담긴 쪽지를 침대 위에 놓고 출근한다면, 혹은 아내의 이메일 주소나 핸드폰에 따뜻한 찐빵같은 몇 자의 메시지를 남겨 준다면, 또는 아내의 특별한 날에 예쁜 카드와 그 안에 그동안 수고에 대한 감사의 이야기를 적어 화장대 위에 놓아 둔다면, 혹 이제는 능숙하게 어휘를 구사할 수 있는 나이가 아니기에 성경 '아가서'에 기록된 낯간지러울 정도의 내용이라도 인용한다면 놀라운 반응을 얻게 될 것입니다. 아마 하나님께서도 우리가 아내를 위하여 인용한 아가서 내용을 보면서 지적소유권을 주장하지 않으실 것이라는 확신이 있습니다.

이미 "사랑한다"는 말을 하기에는 너무나 쑥스러워 그 단어를 "요해랑사"라는 단어로 바꿔 아내에게 말해 보려고 하건만 그래도 닭살 돋는 나이가 되었습니까? 또한 "그렇게 대화없이도 잘 지냈는데 이 나이에 무슨 대화를, 편지를, 사랑을 하라는 말인가?" 하시겠지만 한 가지만은 기억해야 합니다. 80세가 넘으신 꼬부랑 할머님도 외출하실 때에는 여전히 화장을 하신다는 사실입니다. 또한 "참 곱게 연세가 드시네요!"라는 말 한 마디에 함박 꽃 웃음을 지으시는 여자임을 잊지 마셔야 할 것입니다.

코를 심하게 고는 남편과 청각장애 아내를 보면서 찰떡궁합 부부라고 합니다. 맞습니다. 동시에 부부는 이인삼각이 되어 평생 같은 보폭으로 걸어가야 할 사이입니다. 즉 결혼하는 것은 쉬운 일이나, 복된 부부로 만들어져 가는 것은 피차 간의 노력이 필요할 것입니다. 바보온달을 훌륭하게 만든 평강공주가 가정에서도 필요합니다. 동시에 평강공주의 이야기를 해맑은 웃음으로 들어 주며 대답해 주던 바보온달도 필요한 시대입니다.

우리 자녀들이 우리가 알지 못하는 순간에 우리 부부 사이를 보고 있으면서 은연중 많이 닮아가고 있은지 오래 되었습니다. 그들이 붕어빵, 국화빵같이 되기 전에 작은 결단을 내려 실천해야 합니다. 그럼에도 불구하고, 혹 남편으로서 아내와의 대화 부분만큼은 진전될 수 없는 고질병이거든 이 한 가지 변화라도 시도해야 할 것입니다. 아내가 자신에게 이야기할 때, TV를 보거나 신문을 정독하는 자세만이라도 말입니다.

 현금/변화

"십년을 한결같이 천원을…."

현대사회의 가장 두드러진 특징을 한 가지 단어로 표현하라고 할 때, "변화" 혹은 "급변"이라고 정의하는데 부인할 사람은 없을 것입니다. 현대의 과학기술, 생활방식, 그리고 사고방식의 변화 또는 급변 때문에 그 한가운데서 있는 우리들은 자주 놀라며, 그 대처방법에 대하여 당황할 때가 적지 않음을 또한 부인할 수 없을 것입니다.

옛날 어느 나그네가 시골길을 걷고 있었습니다. 한가롭게 길을 가고 있었는데, 갑자기 곰 한 마리가 다가오는 것이 아닙니까? 순간적으로 그 사람에게 이런 생각이 떠올랐습니다. 그것은 언제인가, 누구에게선가 들었던 이야기였습니다. 즉 곰을 만났을 때, 그 사람이 그 자리에 바싹 엎드려 죽은 척하였더니, 곰이 그냥 지나가 구사일생으로 살아났다는 이야기였습니다.

그래서 그 나그네도 죽은 척하기로 작정하고 그 자리에 쓰러졌습니다. 꼼짝하지 않다가 곰이 더 가까이 다가오니 숨도 쉬지 않고 있었습니다. 그런데 그 곰도 옛날 이야기에 나오는 곰처럼 역시 참으로 착한 녀석이었습니다. 그냥 지나갔느냐고요? 아닙니다. 물론 그 나그네를 죽이지도 않았습니다. 다만 쓰러져 있는 나그네를 보고 불쌍한 마음에 양지바른 언덕으로 데리고 가서 묻어주었다는 것입니다. 이런 곰 이야기도 옛날과 달리 이제는 급변하는 현실에 대하여 더 지혜롭게, 더욱 앞서가는 의식을 가지고 대처해야 할 것을 암시해 주고 있습니다.

왜냐하면 우리들이 잘 알고 있는 명언과 속담도 예전과 달리 그 내용이 크게 변하고 있기 때문입니다. "윗물이 맑으면 목욕하기 좋다.", "고생 끝에 병이 찾아온다.", "못 오를 나무는 사다리를 놓고 오르면 된다.", "작은 고추도 맵지만 수입고추는 더 맵다.", "젊어서 고생하면 분명 늙어서 신경통 온다.", "서당개 삼년이면 보신탕감이고, 식당개 삼년이면 라면을 끓이고, 동두천개 삼년이면 팝송을 부르며, 목사님 사택개 삼년이면 주기도문 외운다."

이렇게 급변하는 시대를 살아가면서 전혀 변하지 않는 것 한 가지가 있습니다. 그것은 주일오전예배 때 드리는 주일헌금의 액수입니다. 아마도 십년 전에 1,000원을 드렸는데, 지난 주일도 역시 1,000원이었을 것입니다. 놀라운 보수신앙입니다. 혹 2,000원 내시면 하나님께서 놀라 기절하실 것 같아 그러신다면, 이제는 그런 염려를 놓으셔도 될 것입니다.

이 시간, 십년 전 자신의 생활 및 신앙수준을 회상해 보시기를 소원합니다. 그리고 십년 후, 지금의 가정형편과 교회직분을 묵상해 보시기 원합니다. 엄청난 변화가 있었습니다. 급변이라는 표현을 써도 아깝지 않을 정도로 하나님의 은혜와 축복을 받으신 교인들도 계실 것입니다.

성경은 이런 말씀으로 우리에게 도전하고 있습니다. "이는 만물이 주에게서 나오고 주로 말미암고 주에게로 돌아감이라 영광이 그에게 세세에 있으리로다 아멘"(롬 11:36) 그러므로 물질의 청지기로서 "각각 그 마음에 정한대로 할 것이요 인색함으로나 억지로 하지 말지니 하나님은 즐겨 내는 자를 사랑하시느니라"(고후 9:7)는 말씀처럼 해야 합니다.

그러므로 즐겨 내는 헌금은 하나님께서 우리를 향하여 자신의 사랑을 베푸시게 하는 원동력이 되는 것입니다. 모든 것은 변했는데, 주일헌금 액수를 변하지 못하게 한 것은 성령의 역사와 인도하심은 결코 아닐 것입니다. 변화를 추구하세요. 그만큼 채우시는 사랑과 축복의 하나님을 만나 보시게 될 것입니다. 주 여호와의 말씀입니다.

물질/현금

"아까운 설교 망쳐 버렸군!"

존 웨슬레 목사님께서 설교를 하고 계셨습니다. 말씀의 주제는 첫째, "성도들도 돈을 열심히 벌어야 합니다!"였습니다. 이 말씀을 듣던 교인 한 분이 고개를 끄덕이며 동의를 하였습니다. 둘째로는 "생활은 검소하게 살아야 하며, 꼭 저축해야 합니다."라고 설교를 하시자, 그 교인은 옆에 앉아 예배를 드리던 교인을 바라보며 이렇게 이야기하였습니다.

"오늘 목사님의 설교내용이 참으로 은혜스럽죠?" 목사님은 마지막으로 "열심히 벌어 저축한 돈을 선한 일을 위하여 사용해야 합니다."라고 말씀을 전하니, 그 교인의 입에서 이런 탄식이 나왔다는 것입니다. "참 아까운 설교 망쳐 버리셨군!" 한국식으로 말씀 드린다면, 다 된 밥에 콧물 떨어뜨렸다는 의미가 아닐까요?

참된 교인에게는 돈을 버는 것이 목적 그 자체가 되지 않습니다. 다만 목적을 이루기 위한 수단에 불과합니다. 즉 자신이 번 돈으로 영육 간의 연약한 분들에게 나누는 삶을 살기 원하는, 목적을 이루기 위한 수단으로 돈을 벌어야 합니다. 그래서 자손들에게 돈의 노예가 되었던 어르신이 아니라, 돈을 종처럼 부렸던 분으로 각인되는 여생을 살아야 합니다.

"너희 아는 바에 이 손으로 나와 내 동행들의 쓰는 것을 당하여 범사에 너희에게 모본을 보였노니 곧 이같이 수고하여 약한 사람들을 돕고 또 주 예수의 친히 말씀하신 바 주는 것이 받는 것보다 복이 있다 하심을 기억하여야 할지니라"(행 20:34-35) 아멘!

그럼에도 불구하고 서울의 모교회에서는 실제로 이런 일이 일어났다고 합니다. 오백만원을 수표로 헌금한 집사님이 계셨습니다. 그런데 얼마의 시간이 흐른 후, 담임목사님께 이런 요청을 하였다는 것입니다. "목사님, 제가 얼마 전에 오백만원을 헌금한 집사입니다. 그 때 그 많은 돈을 헌금한 이유는 어떤 특별 기도제목이 있었기 때문입니다. 그런데 그 기도가 응답되지 않았습니다. 혹 그 헌금을 돌려 주실 수 있는지요? 수표 번호를 제 수첩에 기록해 놓았습니다. 그러므로 수첩을 확인해 보시면 제가 헌금한 수표인 것을 분명히 아실 수 있을 것입니다."

정말 말세는 말세인 모양입니다. 아마도 그 집사님은 진정 기도 응답을 못 받으신 분 같습니다. 만일 어느 회사 주식에 투자해서 돈을 잃었다고 그 회사로 달려가 날라간 자기 돈을 되돌려 달라고 한다면 웃음거리 밖에 될 것이 없겠죠? 하물며 살아 계신 하나님께 바친 헌금을 되돌려 달라고 하면서도 양심의 가책이 없다면 아마도 그 집사님은 신앙 양심에 동상이 걸린지 오래된 분이 아닐까 추측해 봅니다.

헌금은 결코 투기와 투자의 목적으로 드려서는 안됩니다. 또한 하나님의 마음을 움직이려고 하는 뇌물로 바쳐서도 안됩니다. 다만 지금까지 지내온 것 주의 은혜로 알며 감사함으로 드려야 할 것입니다. 각각 마음에 정한 대로 드릴 것이요 인색함이나 억지로 하지 말아야 합니다. 왜냐하면 우리 하나님은 즐겨 내는 자를 사랑하시기 때문입니다(고후 9:7).

바쳐진 헌금, 그래서 영육의 긍휼이 필요한 사람들에게 나누어 질 헌금까지 되돌려 달라는 시대가 되었으나, 그럼에도 불구하고 중심을 보시는 하나님 앞에서 열심히 벌어, 선하게 쓰는 삶을 포기하지 마시기 원합니다. 혹 하나님이 중심을 보신다고 해서 헌금대신 자기 배꼽을 보여 드리는 분은 없으시겠죠?

> 대표기도

부담스러운 대표기도

   어느 교회에 사람들 앞에 나서기만 하면 마음과 목소리가 떨리는 여집사님이 계셨습니다. 그래서 혹 자신에게 개인기도를 하라고 할 것이 두려워 구역예배나, 전도회 모임에도 나가지 못하고 있는 집사님이셨습니다.

그런데 그 집사님과 몇몇 가정이 힘을 합쳐서 목회로 고생하시는 목사님 내외분을 위로한다며 1박2일로 지리산 온천을 갔습니다. 여행기간 중, 식사를 할 때마다 식사기도를 순번제로 하기로 하였기에 어쩔 수 없이 그 집사님도 둘째 날 아침 식사기도를 할 수밖에 없었습니다. 베개가 낯설었기 때문이 아니요, 또한 한 방에 몇 명이 함께 지내므로 잠을 설친 것이 아니라, 식사기도 내용을 외우느라고 제대로 잠을 자지 못했던 그 집사님이 드디어 기도를 시작하였습니다.

"어젯밤, 죽은 듯이 잤던 우리들을 이 아침, 부활하듯이 일어나게 하신 하나님께 진심으로 감사 드립니다. 아버지 하나님…" 생각보다 떨리지도 않고, 외운 기도내용도 잘 기억났습니다. 그러나 긴장의 도가 지나쳤을까요? 그 식사기도의 마지막 부분에서 "예수님의 이름으로 기도 드립니다."라는 문구를 깜박 잊어 버리고 말았습니다.

순식간에 조용한 식당 방안에는 적막이 흐르기 시작하였습니다. 그리고 이곳 저곳에서 헛기침 소리가 들리기 시작하자, 더 당황하며 긴장을 하던 그 집사님은 결국 이렇게 기도를 마쳤다고 합니다. "으음… 그 때… 오병이어로… 남자만 오천 명을 먹이신 분의 이름으로 기도 드립니다. 아멘!"

정말로 긴장되는 시간은 바로 대표기도 시간입니다. 그래서 제가 알고 있는 어느 여집사님께서는 오는 주일 전도회의 월례회 대표기도를 담당하게 되었습니다. 그런데 그 주간 내내 너무나 긴장한 것이 병이 되어 결국 병원에 입원하고 말았던 일도 있습니다. 또한 대표기도하는 것이 부담이 되어 안수집사님, 혹은 장로가 되는 것을 한사코 거절하는 분도 알고 있습니다.

그러나 꼭 기억해야 할 사실이 있습니다. 자신이 대답한 질문의 내용은 오래 기억되듯이, 또한 자신이 외국인 앞에서 사용한 영어단어는 정말 오랫동안 생동감있게 남아 있듯이 자꾸 피하지 말고 한 번만 대표기도를 하게 되면 그것이 큰 재산이 되어 점점 기도생활과 기도내용이 성장하게 되는 것입니다. 특히 대표기도를 하시던 중, 본의 아니게 실수나 어려움을 겪었던 분은 더욱 멋진 기도자로 성장케 될 확률이 좀더 많을 수 있습니다.

왜냐하면 홈런타자, 대형타자들의 내면을 보면 틀림없이 삼진 아웃을 많이 당한 흔적이 기록 속에 있기 때문이요, 재수나 삼수한 학생들이 대학을 단번에 합격한 학생들보다 많은 인생경험을 축척하는 것과 같은 원리이기 때문입니다.

그러므로 대표기도 할 수 있는 기회가 주어지면 거절하지 마세요. 그리고 정성으로 준비하세요. 보혜사 성령님께서 함께 하실 것이며, 그 은혜로 넉넉히 감당할 수 있을 것입니다. 그리하여 모든 대표기도 담당을 마친 후, 자신이 기도한 것이 아니요 성령님께서 자신의 기도를 인도하셨음을 체험케 하실 것입니다.

"이와같이 성령도 우리 연약함을 도우시나니 우리가 마땅히 빌 바를 알지 못하나 오직 성령이 말할 수 없는 탄식으로 우리를 위하여 친히 간구하시느니라 마음을 감찰하시는 이가 성령의 생각을 아시나니 이는 성령이 하나님의 뜻대로 성도를 위하여 간구하심이니라"(롬 8:26-27) 아멘!

 시간 선용

"텔레비전보다 더 귀한 것은 없네!"

여름이 다가오니 어느 누군가 '강아지'라는 단어로 만들었던 삼행시가 언뜻 떠오릅니다. "강 - 강아지 사왔다! 아 - 아빠, 고마워요! 지 - 지금 삶아라!" 또한 "강 - 강아지 삶을까요? 아 - 아니? 지 - 지금 양념에 절여 놨으니, 내일 삶는 것이 좋을거야!" 좀 엽기적인 삼행시이지만 보신탕의 계절로 상징되는 여름이 다가왔습니다.

보신탕과 여름이 연관성이 있다면 동시에 여름과 휴가는 더욱 밀접한 관계를 가지고 있습니다. 오랜 만에 주어지는 시간시간들, 그리고 그 시간들을 어떻게 요리할 것인가는 여름을 가슴에 안은 사람들의 즐거운 고민일 것입니다. 그런데 생각보다 많은 교인들이 텔레비전 시청에 많은 시간들을 허비하고 있음을 부인하기 어려운 시절이 되었습니다.

그래서 "텔레비전 찬송가, 478장"이 새롭게 작시되었다고 합니다. "텔레비전 앞에서 내가 편안히 쉬네 밤 깊고 비바람 몰아쳐도 텔레비전께서 날 즐겁게 하시니 거기서 편안히 쉬리로다 텔레비전 앞은 즐거워라 그 쾌락 끊을 자 뉘뇨 텔레비전 보는 내 기쁜 영혼 영원히 거기서 살리. 텔레비전 앞에 참된 기쁨이 있네 고달픈 세상길 가는 동안 그 앞에 앉아 세월을 잊고 영원한 안식을 누리리라 텔레비전 앞은 신나는구나 그 눈길 끊을 자 뉘뇨 텔레비전 보며 모든 것 잊고 영원히 충성 다하리"

그리고 드디어 이제는 "텔레비전 찬송가, 102장"이 새롭게 작시되어 나왔습니다. "텔레비전보다 더 귀한 것은 없네 하나님 말씀과 바꿀 수 없네 심심한 나에게 기쁨 주는 그 놀라운 사랑 잊지 못해 주 안의 즐거움 다 버리고 예수님 사랑 다 버렸네 텔레비전보다 더 귀한 것은 없네 텔레비전밖에는 없네"

하나님이 주신 시간이라는 선물이야말로 돈으로 살 수 없는 엄청난 보물입니다. 이 여름에 주어지는 시간들을 선용해야 합니다. 그래서 자신의 지난 날들을 돌이켜 볼 수 있는 시간, 그리고 현재의 자신을 자신 밖에서 조용히 바라볼 수 있는 시간, 그리하여 자신의 미래의 삶을 하나님의 말씀 중심으로 설계해 볼 수 있는 시간은 복의 근원과 같은 시간일 것입니다.

이런 시간 선용의 은총을 잊게 만드는, 그리 반갑지 않은 손님인 텔레비전의 유혹으로부터 해방되시기 원합니다. 콜라가 독립선언을 하였듯이, 텔레비전으로부터 독립선언을 하시는 결단을 하나님께 보여 드릴 수 있는 호기회가 다가왔습니다. 그리고 그 시간을 허락하신 분, 즉 시공을 초월해 자신을 찾는 교인들에게 복 주시기를 즐겨하시는 하나님과의 만남의 시간을 더욱 사모하는 여름이 되시기를 소원합니다. 그리고 그 사모함이 담겨진 발걸음이 교회의 신앙 공동체들의 여름 모임으로 옮겨지는 은총을 받아야 할 것입니다.

기도하고 찬송하는 모임, 말씀을 듣고 연구하는 모임을 사모하여 참석하시게 되면 깨달음의 축복을 받을 것입니다. 부모 혹은 자식 상관없이 모두 참석을 권유해야 하며, 또한 그 권면을 감사함으로 받아야 합니다. 두세 사람이 예수님의 이름으로 모이는 곳에 은혜와 진리가 있기 때문입니다. 그리고 나머지 한해를 향한 새로운 이정표를 선물로 받을 수 있기 때문입니다.

그리고 이 여름에 시간의 주인이신 하나님 존전에서 보낸 시간들이 결국 "텔레비전보다 더 귀한 것이 없네!"라는 지난 날들의 삶에서 탈출하여, "주 예수보다 더 귀한 것이 없네!"라는 고백이 있는 삶으로 전환되는 복을 받을 수 있는 원천이 될 것이기 때문입니다.

 천국/믿음

"내 마누라가 죽인 모양입니다!"

세계의 경제권을 쥐고 있는 민족이 유대인이라는 것을 부인할 사람은 아마 없을 것입니다. 그 유대인 부자 중, 어느 연세가 많으신 어르신께서 미화 3만불을 가지고 있었습니다. 그분께서는 자신이 이 세상에서 살아갈 날이 얼마 남지 않음을 인정해야 할 정도로 몸이 좋지 않으셨습니다.

보통사람들 모두가 그러하듯이 죽음을 앞둔 이 어르신도 죽은 후, 천국에 가고 싶은 마음이 간절히 들어 유대인 랍비를 찾아갔습니다. 그리고 미화 1만불을 헌금으로 드리면서 자신이 죽어 천국에 갈 수 있도록 기도해 줄 것을 간청하였습니다. 그 요청을 받은 랍비는 헌금을 단에 드리고 그의 영혼의 천국 입성을 위하여 기도해 주었습니다.

그러나 집으로 돌아온 그 유대인 어르신에게 한 가지 의심이 생겼습니다. 그것은 랍비 한 사람의 기도만으로는 천국에 들어갈 확신이 생기지 않았던 것이었습니다. 그래서 수소문하여 천주교 신부님을 찾아갔습니다. 그리고 "내 비록 유대인이지만, 신부님의 기도로 인하여 천국가게 될 줄로 믿고 왔으니 기도해 달라"고 하였습니다. 물론 그 신부님도 1만불의 헌금을 받으시고 기도를 해 주었습니다.

그러나 한평생 많은 사람들을 통하여 속임과 거짓, 그리고 사기를 당했던 그 유대인 어르신에게는 마지막으로 한 사람만 더 만나 천국 입성의 분명한 확신을 얻고자 하였습니다. 그래서 나머지 돈 1만불을 가지고 교회 목사님을 찾아갔습니다. 그리고 그 돈을 헌금하며 기도해 주실 것을 부탁 드렸습니다.

그 때 목사님은 어떻게 반응을 보이셨을까요? 결코 아쉬워 하지 않는 미소를 머금고 그 유대인에게 헌금 1만불을 돌려 주시면서 이렇게 말씀하셨다는 것입니다. "천국은 돈으로 갈 수 있는 곳이 아닙니다. 다만 예수님을 자신의 구주로 믿음으로써 갈 수 있는 곳입니다."

그렇습니다. 돈으로 못 가는 곳이 천국입니다. 물론 힘으로도,

벼슬로도, 지식으로도 못 가는 곳이 바로 천국입니다. 다만 거듭나야 갈 수 있는 곳입니다. 즉 예수 그리스도가 자신의 영육의 구주이심을 믿음으로 고백하는 분들이 갈 수 있는 곳이 바로 천국입니다. 다시 말씀 드린다면, 사도 베드로처럼 "주는 그리스도시요 살아 계신 하나님의 아들이시나이다"(마 16:16)라고 믿음을 고백하는 분에 한하여 들어갈 수 있는 처소입니다.

그러므로 나는 죄인이요, 예수님은 내 죄악을 감당하신 구주로 믿는 것은 엄청난 기적이요 축복입니다. 즉 그 예수님이 훌륭한 선생, 도덕가, 의사, 사회운동가, 또는 선지자 정도로 여겨지지 않고 자신의 구주로 믿어짐이 바로 기적이요 이적이란 말입니다. 그래서 사도 바울께서도 그런 믿음은 모든 사람들의 것이 아니라고 단언을 하셨던 것입니다.

혹 내게 방언, 입신, 통변, 그리고 다른 간증자들이 이야기하는 체험이 없어도 주눅들지 말아야 합니다. 왜냐하면 예수님이 자신의 구주요, 그분의 자신을 향한 대속 은혜의 만분의 일이라도 갚겠다는 빚진 심정을 가지고 복음사역에 직간접적으로 봉사하는 것 자체가 하나님이 자신에게 주신 엄청난 은혜요 체험이기 때문입니다. 아직도 다음과 같은 수준의 교인들이 적지 않으신데 말입니다.

"세례문답하러 오심을 진심으로 축하 드립니다. 성도님, 한 가지만 질문해 보겠습니다. 예수님은 왜 돌아가셨죠?" "어허, 그런 질문하지 마세요, 제가 죽이지 않았어요. 아마도 우리 마누라의 짓인 것 같기도 합니다. 언제인가 우연히 내 마누라 기도하는 소리를 들어 보았는데, 자기 죄 때문에 예수가 죽었다고 눈물로 호소하는 것을 보았걸랑요! 그래도 내 마누라인데 잘 선처해 주시면 감사하겠습니다!"

 의사 소통

말강 커피

인천에 사는 총각이 선을 보러 대구까지 내려 갔습니다. 너무나 아름다운 자매의 모습과 맑은 시냇물이 흐르는 듯한 경상도 사투리에 그만 넋을 잃고 말았습니다. 그리고 헤어지는 시간이 되어 아쉬움을 달래며 다음에 또 만날 약속을 하게 되었습니다.

인천 청년: "다음에 또 만날 수 있으면 좋겠습니다. 가능하신지요?"
대구 자매: "어데예!"
이 인천 청년은 그녀의 그 말을 "어디에서 만날까요?"라는 뜻으로 이해하였습니다. 그래서 이렇게 대답을 하였답니다.
인천 청년: "아, 예… 팔공산에서 만나 산책하며 데이트를 하면 좋겠습니다. 괜찮습니까?"

대구 자매: (당황한 듯한 표정으로 대답하기를) "언제예!"
이 경상도 사투리를 이해하지 못하는 그 총각은 그 말을 "언제 만날까요?"라는 질문으로 알고 기뻐하며 다시 만날 날짜를 이야기 해 주었다는 것입니다.

물론 그 인천 총각은 "어데예!" 또는 "언제예!"라는 대답이 거절을 뜻하는 경상도 사투리라는 것을 전혀 몰랐습니다. 그래서 손꼽아 다음 약속시간을 기다리다가, 일부러 시간을 내어 대구로 내려가, 팔공산까지 올라가서 혼자 하염없이 기다렸다는 슬픈 이야기가 있습니다.

어느 날 인천의 송도, 한 카페에서 신학교 동창 목사님들의 모임이 있었습니다. 각 지방에서 올라오신 목사님들이 반가움으로 만났습니다. 종업원이 다가와 마실 것을 주문하자, 모든 목사님들이 다 커피를 마시겠다고 하셨습니다. 그런데 마지막으로 주문을 받던 목사님은 경상도에서 오신 목사님이셨는데, 모든 목사님들이 커피를 주문하자 자기도 커피를 마시겠다며 이렇게 말씀하셨다는 것입니다.

"말캉 커피 주이소!" "말캉 커피?" 이 인천 출신 종업원은 참으로 이상한 커피 종류도 있다는 표정으로 "그런 커피는 우리 카페에는 없는데요?"라고 대답을 하였습니다. 제가 성도님에게 한 번 질문을 드려 보겠습니다. "말캉 커피란 어떤 커피입니까?" 잘 모르시겠습니까? 저도 마찬가지로 몰랐습니다. 그런데 알고 보니 말캉 커피란 커피 종류를 뜻하는 것이 아닙니다. 다만 그 경상도 목사님께서 "우리 모두 커피로 주문합니다!"라고 이야기 한 것이었습니다. 즉 "말캉"이란 "모두"라는 의미의 경상도 사투리였습니다.

이렇게 사투리 한 마디로 피차 이해할 수 없는 일, 때로는 피차 간에 당황할 일들이 생기는데 그 많은 교인들이 모여서 교제를 나누는 교회생활에서도 때때로 말로 인한 오해와 아픔이 있는 것은 당연한 현실일 것입니다. 그러므로 그런 피해와 아픔 주는 일을 최소한으로 줄이기 위하여 교회 인터넷 홈페이지에 자신의 의견을 올릴 때에는 실명으로 올려서 서로에게 상처가 되지 않도록 하는 기본 예의가 필요할 것입니다.

서로의 이름을 알고, 또한 얼굴을 맞대고 나눈 이야기도 서로의 입장에 따라 해석이 다른데, 하물며 홈페이지 게시판에 익명으로 타인을 비판하며 공격하는 글을 올리는 것은 폭력에 가까운 행위일 것입니다. 물론 일부 교인들은 익명으로 글을 쓰는 것이 무슨 잘못이냐고 말씀하실 것입니다. 그러나 아담이 범죄하고 난 뒤에 제일 먼저 한 일이 무엇입니까?

"자신을 숨기는 일"이었습니다. 그래서 우리 예수님은 참된 교인이란, 어두움의 자녀가 아니라 빛의 자녀라는 말씀까지 하셨습니다. 그러므로 빛의 자녀라고 자칭하면서도 자신을 교묘히 숨기며, 불특정 다수 교인에게 어느 사람의 일을 비판하는 것은 결코 아름다운 경건이라고 말할 수 없습니다.

동시에 어느 교인이나 사건에 대한 아쉬움이 있으면, 먼저는 담임목사 이외에 누구도 볼 수 없는 저의 이메일 주소로 편지를 보내는 것이 기본 예의가 아닐까요? 그리고 저의 답변이 시원치 않아 모든 이들의 의견을 알고 싶을 때, 깊은 기도와 묵상 후 실명으로 게시판에 올려야 할 것입니다.

아직도 세상 인터넷 홈페이지와 교회 인터넷 홈페이지를 똑같은 논리로 생각하는 고정관념에서 탈피해야 할 것입니다. 그리고 반대로 익명으로 쓰여진 그 글의 내용이 바로 자신이나 자기 가족의 이야기라면, 성도님은 어떤 심정으로 그 글을 읽을 것인가를 묵상해 보는 시간이 있어야 할 것입니다. 모든 교회의 표본인 초대교회는 서로 통용하는 곳이었습니다. 자기의 이름을 가지고 의견을 제시하고 서로를 위하며, 상대방의 입장에서 삶을 해석하는 공동체였음을 항상 명심해야 할 것입니다.

특히 우리는 교회라는 공동체 생활을 하면서, 노아의 술 취한 사건을 기억하는 지혜가 있어야 합니다. 즉 포도주를 마시고 취하여 그 장막 안에서 벌거벗은 채 주무시고 있던 자기 아버지를 향한 자녀들의 행동을 주시해 보아야 합니다. 그 사실을 안 후, 아들 셈과 야벳은 옷을 가지고 들어가되 뒷걸음 치며 들어갔습니다. 그리고 그분의 하체를 옷으로 덮고 얼굴을 돌이키며 그 방을 나왔습니다.

아버지 노아는 자신의 수치를 옷으로 덮었던 그 아들들을 향하여 "창대한 복"을 선언하였습니다. 그러나 자기 아버지의 술취한 후의 추한 모습을 보고 있었으면서도 덮어 드릴 생각은 아니하고, 한심스러운듯 쳐다보다가 장막 밖으로 나가서 다른 형제들에게 알렸던 함을 향한 노아의 예언의 말씀은 무엇입니까? 그 "형제들의 종들의 종이 될 것"(창 9:25)이라는 그 예언의 말씀이 함뿐 아니라, 그의 자손들에게 이루어졌던 성경말씀을 범상히 넘겨서는 아니 될 것입니다. 왜냐하면 우리들은 할 수 있거든 하나님의 복을 선포하는 인생길을 걸어가야 할 하나님의 자녀들이기 때문입니다.

뿐만 아니라 동전은 양면이 있다는 것을 늘 기억해야 합니다. 마찬가지로 내가 들었거나, 혹 타인을 통하여 들은 이야기들은 사실과 같을 수도 있고, 또한 엄청나게 다를 수도 있습니다. 그래서 예수님께서도 자신에게 그 누구를 인하여 아쉬운 일이 있을 때, 단둘이서 만나 그 일을 풀어 나가야 할 것을 말씀하셨던 것입니다. 그런 지혜로운 처신이 있을 때, 혹 피차 오해가 된 일이었다면 그 파장이 그 두 분에게서 멈출 수 있는 것입니다. 그리고 그 두 분 사이는 평생 벽과 그 벽에 붙은 종이와 같은 사이가 될 수 있을 것입니다.

그러나 분명 그가 잘못되었다는 것이 확인되었는 데도 후회 혹은 회개를 하지 않는다면, 그 때는 한두 사람을 증인으로 데리고 가서 그와 함께 이야기를 나누는 지혜자가 되어야 할 것이며, 그래도 고집스럽게 자기의 잘못된 주장만 되풀이 한다면, 그 때에 교회의 당회에 말하여 그 문제에 대한 처리를 부탁해야 할 것을 주님께서 원칙으로 말씀해 주셨습니다(마 18:15-17). 즉 자기의 주장을 처리해 나가는 것도 공동체의 교인답게 성경이 말씀하시는 대로, 단계별로 행하는 질서있는 교인이 되어야 할 것입니다.

그래서 우리 모두는 늘 '말캉 커피'를 기억하는 교인이 되어야 합니다. 그리고 동시에 나도 언제인지 그 시기를 알 수 없으나, 교회 인터넷 게시판에 익명으로 올리고 싶은 마음을 억제할 수 없을 정도로 실수한 그 교인처럼 실수할 때가 있음을 인정해야 합니다. 그리고 자신도 모르는 순간에, 자신도 다른 교인들에게 비난을 받아 마땅한 일을 행할 수 있는 가능성을 인정해야 합니다.

그 때, 내가 하나님과 사람들 앞에 비난과 정죄함을 받지 않고 도리어 용서받을 수 있는 공간을 미리미리 만들어 놓는 삶을 사모해야 할 것입니다. 결코 누워서 침뱉는 교인이 되어서는 아니 됩니다. "그러므로 남을 판단하는 사람아 무론 누구든지 네가 핑계치 못할 것은 남을 판단하는 것으로 네가 너를 정죄함이니 판단하는 네가 같은 일을 행함이니라"(롬 2:1)

 성가대/구별

"아빠, 서울 교회에는
여자 목사님들이 많이 계신 것 같네요?"

성가대가 없는 깊은 시골에서 신앙생활을 하던 가정이 서울로 이사를 했습니다. 주일날, 기대와 함께 두려움도 있는 새로운 대도시에서의 생활을 신앙으로 이기고자, 그 부부는 집 근처에 있는 큰 교회를 찾아갔습니다.

물론 하나 뿐인 어린 딸과 함께 말입니다. 예배시간이 되자, 예배당 문을 통하여 성의를 입은 많은 성가대원들이 줄지어 들어오는 것을 보게 된 이 어린 딸은 너무나 놀라, 아빠를 향하여 이렇게 물어 보았다는 것입니다. "아빠! 저 많은 목사님들이 오늘 다 설교하시는 것이에요? 휴우…! 그런데 아빠, 서울 교회에는 여자 목사님들도 많이 계신 것 같네요."

하나님께 드리는 예배를 수종 드시는 분들 중, 목사님들처럼 성의를 입는 분들이 바로 성가대원들입니다. 그 성의에는 예배를 위하여 구별된 사람이라는 의미와 함께, 성가대원들에게 자신의 개인적인 모습을 죽이고 오직 하나님을 위하여 드려지기를 원하는 헌신의 마음이 담겨져 있습니다.

그러므로 성가대원들은 자신의 죄를 회개한 후, 그 성의를 입어야 할 것입니다. 연습시간에 정성으로 참여한 후, 그 성의를 입어야 할 것입니다. 이미 받은 것이 많이 있으니 오직 자신을 드리는 심정을 가진 후, 그 성의를 입어야 할 것입니다. 나같은 죄인이 하나님을 찬양하는 구별된 사람으로 쓰임 받게 된 것을 감사한 후, 그 성의를 입어야 할 것입니다. 오늘 부르는 찬양의 가사가 바로 자신의 신앙고백임을 인정 한 후, 그 성의를 입어야 할 것입니다.

그리하면 때때로 그 성의를 입고 찬양하는 시간에 회개와 감사, 그리고 서원의 마음을 억제하지 못하여 흐르는 눈물을 그 성의로 닦아 보는 은혜의 시간을 맛보게 될 것입니다. 저는 이 시간, 어느 주일날 찬양대의 찬양 시간이 선명하게 생각납니다. 어느 여자 찬양대원이 찬양을 부르지 못하고 눈물만 흘리다 결국 그 자리에 주저 앉고 말았던 그 장면을 말입니다.

찬양대원 자신은 찬양을 통하여 은혜를 못 받고 있는데, 어찌 교인들이 은혜를 받을 수 있겠습니까? 어미가 먹은 것이 없는데 어찌 자식을 위한 젖이 나올 수 있겠습니까? 그런데 저는 어느 교회 성가대 이야기를 들으면서 허탈한 웃음을 웃을 수밖에 없었습니다. 그 대원들은 주일 오전예배 찬양이 끝난 후, 목사님의 설교시간이 되면 늘 하는 작업이 있다고 합니다.

그것은 오늘 이 예배와 찬양 연습이 끝난 후, 점심을 중국집에서 먹을 것이기에 미리 음식주문을 쪽지 돌림으로 받는다는 것입니다. 소프라노부터 베이스 파트 자리까지 그 쪽지가 돌아간다는 것입니다. 그 교회 성가대 총무는 머리가 비상한 사람이라, 그 쪽지에 "자장면, 우동, 짬뽕"등을 표시해 놓고 그 밑에 자기 먹을 음식을 표시하게 한다는 것입니다. 그런데 그 쪽지에는 이런 내용의 글도 가끔 올라 온다고 합니다. "우리들의 점심식사가 중국집에서 일식집으로 방향전환되는 해는 언제인지 재정부장에게 문의해 주시면 감사하겠습니다. 총무님…."

구약시대의 하나님께 바쳐지는 제물이 혹 조금이라도 살아있다면, 결코 열납되는 제물이 될 수 없었습니다. 오직 완전히 죽어지고, 내장이 꺼내지며, 그리고 각을 뜬 제물만 하나님께 온전히 바쳐지는 제물이 될 수 있었다는 것을 기억해야 합니다. 마찬가지입니다. 찬양대원의 성의를 입었으면 그 예배와 하나님을 위하여 자신이 온전히 바쳐진 증거가 찬양 시간 뿐 아니라, 설교 시간과 예배 전체에서 나타나야 할 것입니다. 다시 말씀 드린다면 먼저는 하나님을 위하여, 그 다음으로는 자신들을 바라보고 있는 교인들을 위하여 말입니다.

"그러므로 형제들아 내가 하나님의 모든 자비하심으로 너희를 권하노니 너희 몸을 하나님이 기뻐하시는 거룩한 산 제사로 드리라 이는 너희의 드릴 영적 예배니라"(롬 12:1)

기도 응답

"…, 자네가 타지 않고 말이야!"

안식년을 맞이해 잠시 귀국하신 선교사님이 계셨습니다. 그분의 취미가 바다낚시임을 잘 알고 있었던 담임목사는 그 선교사님과 교역자들을 모시고 인천 앞 바다로 낚시를 떠났습니다. 그러나 대여한 배가 워낙 낡아 낚시를 하던 중, 바닥에 구멍이 나더니 바다 한가운데에서 물이 스며들기 시작하였습니다.

당황하며 물을 퍼내고 있던 교역자들 곁으로 보트가 지나가자, 선교사님이 손을 들어 구조를 요청하였습니다. 그 보트를 조종하던 사람은 그 교역자 일행 곁으로 다가와 옮겨 탈 것을 허락하였습니다. 그런데 매일 특별 철야기도를 하며 은혜를 충만히 받고 있던 여전도사님이 보트로 옮겨 타려고 하는 교역자들을 말리며, 그 보트 주인에게 소리를 쳤습니다. "호의는 감사하지만 우리들은 괜찮습니다. 왜냐하면 하나님 아버지께서 우리를 분명 살아서 인천항으로 돌아가게 하실 것이기 때문입니다!"

명색이 선교사요, 목사, 그리고 전도사들인데 그 여전도사님의 외침을 외면할 수 없어, 뭐 마려운 강아지처럼 다시 주저 앉고 말았습니다. 그러자 시간이 지나면서 물은 더욱 차 올라와 거의 침몰할 순간에 이르고 말았습니다. 그 때 마침 곁을 지나가던 작은 어선이 그들을 발견하고 다가와 옮겨 탈 것을 강권하자 마지막 기회라고 생각한 선교사님과 교역자들이 다같이 일어났습니다.

그러자 그 여전도사님은 다시 더 큰 소리로 외치기 시작하였습니다. "제가 어젯밤 기도를 하는데 성령 하나님의 음성을 분명히 들었습니다. 옮겨 타지 않아도 살게 될 것이라는 음성이었습니다. 하나님의 음성을 거절하지 마셔야 합니다!" 그러나 이제는 더 이상 그 여전도사님의 말씀을 듣는 분들이 없었습니다.

다 그 어선으로 옮겨 탔으며, 결국 모두 인천항으로 무사히 귀환하였습니다. 그러나 끝까지 그 침몰하는 낚시배에 있었던 그 여전도사님은 순교아닌 순교를 하고 말았습니다. 그리고 그분의 영혼이 죽음의 요단강을 건너 천국에 들어가 보니 하나님이 계시는 것이었습니다. 그래서 그 여전도사님은 자신의 죽음에 대해 너무나 궁금한 것을 하나님께 직접 말씀드려 보고 싶었습니다.

"하나님, 하나님께서는 제가 철야기도할 때 분명히 저와 교역자들과 함께 해 주신다고 말씀하시지 않으셨습니까? 그런데 이게 어떻게 된 영문입니까? 이해가 되지 않습니다!" 이렇게 불만스러운 투로 말씀을 드리자, 그 여전도사님께 이런 대답을 해 주셨다는 것입니다. "어허, 이 여전도사 보게나, 내가 두 번이나 자네와 함께 하였잖아! 한 번은 보트를 보내 주므로, 마지막 한 번은 작은 어선을 보냈건만 자네가 타지 않고 말이야!"

그렇습니다. 우리 예수님도 이런 말씀을 우리에게 하셨습니다. "구하라!", 즉 기도하라는 것입니다. 그리고 기도한 후에는 "찾고, 두드리라!"고 말씀하셨습니다. 기도를 했으면 하나님께서 주실 그 기도 제목의 응답을 향하여 열심히 찾고, 두드리는 삶의 행동이 있어야 한다는 것을 증거하신 말씀입니다(마 7:7).

그래도 우리들이 이해하지 못할 것 같아 이런 말씀까지 하셨습니다. 즉 "공중에 나는 새를 보라"(마 6:26)고 말입니다. 결코 "나무가지에 앉아 먹을 것이 없다고 울고만 있는 새를 보라"고 하지 않으셨습니다. 그러므로 기도하는 것과 열심히 살아가는 것은 쌍둥이와 같습니다. 기도한 것들에 대한 기도 응답이 있을 것을 믿고, 자신에게 주어진 현실 속에서 최선을 다하는 교인들이 되기를 바라는 마음을 전합니다.

그리하면 조만간 자신의 어려움 앞으로 다가오는 보트와 작은 어선을 만나게 될 것입니다. 아니, 이미 가까이 다가온 그 구조선들을 지금 보고 계신 분들도 있을 것입니다. 할렐루야!

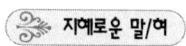

아줌마를 살리는 말

그 긴 겨울 밤을 간식없이 지내며 체중 관리를 하던 자매들도 세월의 등에 업혀, 결국 아줌마가 됩니다. 그리고 길거리에서 누군가 "아가씨!"라고 불러 주면 아직도 기분 좋아하는 애매한 연령의 미시족 여성도님들도 제가 말씀 드리는 다음의 이야기에 고개를 조금이라도 끄덕일 수 있으면 벌써 아줌마가 된 것입니다.

즉 친구와 외식한 후, 그 음식점을 나오면서 "야, 이 돈으로 고기를 사서 식구끼리 먹으면 다 배불리 먹고도 남겠다, 아깝다!"라고 생각드시면 아줌마가 된 것입니다. 또한 결혼 못한 친구와 이야기하며 말 끝마다 "너도 애 낳아 봐라!", 혹은 무슨 물건을 사더라도 "하나 더 주면 어디 덧나나요?" 하며 끝까지 건지고야마는 자신을 발견하면 아줌마가 된 것입니다.

특히 세수는 하지 못해도 립스틱만은 바르고 교회를 가거나, 전철 혹은 시내버스를 타게 될 때, 빈 자리가 발견되면 제비처럼 날아가 그 자리에 앉고 만다면 이제는 완벽한 아줌마가 된 것입니다. 그래서 아줌마를 그 누구인가 해석할 때 "아주머니", 즉 "아기 주머니"라고 하였습니다.

자식과 남편의 뒷바라지라는 두툼하고 무거운 외투를 벗어 버리고 싶으나 현실이 그것을 인정해 주지 않아 점점 배둘레헴, 즉 배의 둘레만 굵어지고 있을 때, 우리 남편들은 그 아내들의 가슴에 비수를 꽂는 말을 하게 됩니다. "가는 비수"가 고와야 "오는 비수"도 고울 수 있는데 아저씨요 남편이 아줌마요 아내에게 던지는 비수와 같은 말은 어떤 것일까요?

그것은 어느 날 밤, 참다 참다 못하여 간단한 야식을 한 번 먹고 있었는데, 마침 그 순간 안방으로 들어온 남편의 "또 먹어? 조상 중에 먹지 못해 죽은 귀신이 붙었나?"라는 말 한 마디는 아마도 평생을 찌르는 비수와 같을 것입니다. 또한 화장품 값이라도 아껴서 남편 밥상에 한 가지의 반찬이라도 더 올리고 싶어 은은한 화장을 하였건만 "너, 화장 한거냐, 안한거냐? 이제 자기 얼굴도 가꾸지 못하면서 집안 구석에서 하루 종일 뭐하는거야?"라고 할 때도 마찬가지입니다.

또한 "나나되니 너와 살아 주지!"라는 전근대적이며 원시적인 매너로 말하거나, "아니, 그 머리는 왜 짤랐어? 누구 허락받고 말이야!", 혹은 아내와 함께 텔레비전을 보면서 무심코 내던지는 말, "쟤는 이쁜 구석이라도 있지, 당신은 차… 암…."이라고 하는 말은 날카로운 비수가 되어 그 말 한 마디가 3년, 30년, 혹은 평생을 갈 수도 있을 것입니다.

성경에는 "온량한 혀는 곧 생명나무라도 패려한 혀는 마음을 상하게 하느니라"(잠 15:4)는 말씀이 있습니다. '온량한 혀'란 듣는 이에게 위로와 회복을 안겨 주는 유익하고, 건전한 혀를 의미하는 것입니다. 이런 말을 하게 되면 아내의 마음 뿐 아니라, 육신의 치유의 역사 뿐 아니라, 생명을 다시 얻게 되는 생명나무와 같은 결과를 맛보게 된다는 것입니다.

여러 가지 지혜로운 말로 아내를 즐겁게 하는 남편이요, 남성도 님이 된다는 것은 태어나는 것이 아니요 만들어지는 것입니다. 그러므로 창조적인 노력과 실천이 필요합니다. 그런 부부가 되어야 할 이유는 서로의 기도생활이 막히지 않기 위함이요 동시에 자녀들이 우리들을 불꽃같은 눈으로 바라보며 결국 닮아가게 되기 때문입니다.

지금의 아내를 살리거나, 살 맛이 나게 하는 말 중에 최고의 말은 무엇일까요? 아마도 이런 말이 아닐까요? "저 아들 녀석이 커서 당신같은 여자하고 결혼할 수 있다면 참으로 좋겠다! 내 말이 맞지?"

 심방/에티켓

"기본 예의가 있어야 합니다. 친할수록…."

이런 분들이 집에 찾아 오면 신경질이 날 것입니다. 그리고 다시는 오지 않았으면 하는 마음을 떨쳐 버릴 수 없을 것입니다. 즉 초청하였더니 자기 집에 와서 부부싸움을 하는 사람입니다. 때로는 그 화풀이로 데려온 자식을 이유없이 때리기도 하는데 그 정도는 양호한 편입니다. 심지어 주인댁 애들까지 버릇을 고쳐야 한다며 손바닥으로 때리는 손님은 정말 세상이 감당하기 어려운 사람입니다.

또한 무엇이든지 자기 집과 비교하는 말을 말 끝마다 하는 사람입니다. "아파트가 작은 평수인 것 같은데 그래도 있을 것은 다 있네요!", "집이 좁으니까 청소하기에는 좋겠네요. 그런데 저의 집은 쓸데없이 넓기만 해서 결국 파출부를 쓰고 있지요. 좌우간 작으니까 아담하네요. 요새는 작은 것이 아름답다고 하지 않나요? 쓸데없이 클 필요가 있나요? 호호호…." 정말 쓸데없는 손님이요 밥맛 떨어지는 방문객입니다. 또한 "어머머, 정말 요새는 유명 메이커가 아니더라도 정말 잘들 만들어 내는 것 같네요. 저 소파, 장롱을 보니 말이에요!" 하는 이들도 있으니 말입니다.

특히 대책없는 손님이 있으니 바로 텔레비전 리모콘을 잡고 자기 마음대로 화면을 돌려대며 소리가 작다며 크게 볼륨을 올려대는 사람이 바로 그런 손님입니다. 그런 분들은 대개 마치 설날에 왔는데 추석이나 되어야 갈 것처럼 진을 치고 앉아 있으니, 참으로 주인으로서는 대책없는 사람인 것입니다.

그렇습니다. 손님으로 타인의 집을 방문할 때에는 최소한의 기본적인 예의를 지켜야 피차 간에 그 교제가 즐겁고 다시 만나고 싶듯이 우리들이 구역식구로서 구역원의 집을 방문하여 구역예배를 드리거나 대심방을 할 때에도 기본적인 예의를 무시해서는 아니 될 것입니다. 그 예의를 무시할 정도의 친한 교인이라면 더욱 그 기본을 지켜야 합니다. 그렇지 못하여 결국 제일 친한 교인이 제일 부담스러운 교인이 되는 경우도 종종 있을 수 있기 때문입니다.

그러므로 어느 교인 댁을 심방하게 될 때, 최소한 일곱 가지의 원칙과 예의가 있어야 합니다.

1. 심방 가능 여부를 알기 위하여 전화를 드리며, 심방 시간을 예약해야 합니다(롬 1:15).

2. 너무 많은 교인들과 함께 심방을 하지 말고, 적당한 인원으로 출발해야 합니다(딤후 4:11).

3. 평안과 축복을 비는 기도와 대화만 해야 합니다. 결코 책망하지 말아야 합니다(롬 1:11-12).

4. 심방대원끼리만 대화하지 말고 심방한 그 가정의 교인과 집중적으로 덕담을 나누어야 합니다(행 10:25-27).

5. 남편의 직장이나 자녀들의 근황을 너무 자세히 묻지 말아야 합니다. 자칫 형사와 같은 교인으로 착각되어 심방 안한 것보다 못한 결과를 낳게 될 것이기 때문입니다(고후 1:1-2).

6. 내게 무슨 일이 있더라도 재정적인 도움을 청하는 이야기를 하지 말아야 합니다. 다만 예수님처럼 그 어려움을 하나님께 기도 드리면 그분께서 해결하실 것입니다(마 15:32-38).

7. 무엇보다도 그 자리에 없는 교역자나 교인들을 헐뜯는 말을 삼가야 할 것입니다(딤후 4:14-15).

이런 경건은 자신의 노력으로만 될 수 있는 것이 아닙니다. 그 노력 위에 성령 하나님의 역사가 함께 하셔야 가능합니다. "오, 성령님, 우리를, 아니 나를 평화의 도구로 사용하여 주옵소서!" 아멘!

"김씨, 불 내려…!"

이 이야기는 MBC 라디오 "이소라의 밤의 디스크 쇼" 컬트 삼총사의 개그 코너에서 읽어 준 어느 청취자의 실제로 있었던 이야기입니다.

어느 시골 초등학교에서 있었던 이야기입니다. 늘 여름 캠프 마지막 날에는 캄캄한 밤에, 전교생을 학교 운동장에 불러 놓고 캠프파이어를 하곤 하였습니다. 그 해에도 어김없이 교장 선생님이 전교생을 운동장에 세워 놓고, 학교 옥상에서부터 운동장까지 모닥불 선을 연결해 놓고는 불이 당겨지도록 초초하게 기다리고 있었습니다.

모든 학생들이 손에 촛불을 들고 있는 가운데 교장 선생님은 경건하게 캠프파이어의 시작을 알렸습니다. 두 손을 모으시고 "자

~아, 여러분! 이제부터 하늘에서 하나님이 불을 내려 주시며 우리 학생들을 축복해 주실 것입니다. 오 아버지 하나님, 저희들에게 축복의 불을 내려 주옵소서!"라고 교장 선생님은 장엄한 목소리로 외쳤습니다.

그러나 불은 커녕 하늘에서는 아무런 기척도 없었습니다. 그러자 교장 선생님은 더욱 크고 간절한 목소리로 "전능하신 하나님, 불을 내려 주실 줄로 믿고 감사 드립니다!"라고 기도 드렸으나, 역시 아무런 반응이 없었습니다. 그러자 그분은 더욱 크다 못해 찢어지는 듯한 목소리로 "하나님, 제발 불을 내려 주옵소서!" 하시다가 응답이 없자, 짜증난 목소리로 이렇게 외쳤다는 것입니다.

"어, 거기, 김씨, 불 내려……!" 그때서야 갑자기 옥상에서 시뻘건 불덩어리가 내려와 장작을 태우기 시작하였다는 것입니다. 그 사건 이후로 그 김씨 아저씨는 하나님으로 통하게 되었다는 것입니다.

그러므로 혹 대표기도자로 선정되어 기도를 준비하게 될 때에 늘 기억해야 할 경건이 있습니다. 그것은 기도 중에 어려운 성경 구절을 인용하기 위해 피나는 노력을 할 필요가 없다는 것입니다. 그런 피나는 노력을 해 보아야 피는 나오지 않고, 교인들의 마음 속에 "지금 설교하시고 계시나?" 하는 의구심만 심어 주게 될 것이기 때문입니다.

기도란 "자식인 우리들이 아버지 되시는 하나님께 사정을 알려드리는 좋은 경건의 도구"입니다. 그런데 만일 성도님의 자녀가 옥편까지 찾아가며 어려운 단어와 숙어를 끄집어 내어 무엇을 부탁을 한다면 "너, 무슨 사극 대본을 읽고 있냐?"라며 편잔하시지 않겠습니까?

예수님이 우리에게 가르쳐 주신 주기도문의 내용을 보면 어려운 문장이나, 단어를 찾아 보기가 어렵습니다. 다만 매우 쉽고, 모두가 공감할 수 있는 단어와 내용으로 구성되어 있는 것이 주기도문의 내용인 것을 개인, 또는 대표기도를 준비하면서 참고하신다면 매우 유익한 결과를 얻게 될 것입니다. 극단의 고통 속에 있던 히스기야 왕의 기도를 들어 보셨습니까? 무슨 어려운 성경구절을 인용하기보다는 "하나님, 저의 기도와 눈물을 기억해 주세요!"라는 간결한 언어로 기도하지 않았습니까?

"하늘에서 하나님이 불을 내려 주실 것을…."이라는 말이 틀렸다는 것이 아닙니다. 다만 "김씨, 불 내려!" 해도 된다는 이야기입니다. 왜냐하면 대표기도자는 모든 회중들의 대표로 선정되어 기도하는 것이기 때문에 우리들의 평상시 언어와 단어로 하는 것이 자연스럽기 때문입니다. 그리고 하나님은 대표기도하는 사람보다 성경을 더 잘 아시는 분이시기 때문입니다.

> 자기도취/오직 예수

"예수는 나의 힘이요…"

때때로 영화나, 납량 특집 드라마에 나오는 귀신이 하나도 무섭지 않을 때가 있습니다. 언제 무섭지 않을까요? 때로 달려드는 귀신들 중, 금빛 시계를 찬 귀신을 우연히 보게 되면 무섭기보다는 웃음이 터져 나옵니다.

또한 달빛이 희미한 밤에 관에서 일어나는 귀신이 직각으로 일어나지 못하고 관을 잡고 어그적 거리며 일어날 때, 여자 귀신이 입은 소복이 너무나 커서 소매를 옷핀으로 줄였는데 그 옷핀이 조명에 반짝거리는 것이 보일 때, 주인공을 향하여 달려오다 한 바퀴 도는 순간에 치마 속으로 청바지가 보일 때, 영화 진행 중에는 벽을 뚫고 다니며 신출귀몰하던 귀신이 막상 결정적인 장면에서는 주인공이 문을 닫으니 못 나오며 씩씩댈 때, 그리고 원래 귀신은 얼굴이 창백해야 하는데 거꾸로 매달린 귀신의 피가 얼굴로 몰려 안색이 빨개졌을 때는 폭소를 금할 수가 없습니다.

그런 영화, 혹은 드라마에 나오는 귀신들의 모습은 무섭다기보다는 우습기만 하듯이 사탄이 무서워하지 않고 도리어 하찮게 여기는 교인들이 있습니다. 즉 자신의 능력을 지나치게 의지하고 믿으며 살아가는 교인들은 정말로 사탄이 겁내지 않습니다. 왜냐하면 사탄은 그런 교인들 속에 들어가 장난치는 일은 그리 어렵지 않기 때문입니다.

'나르시스(Narcissus)'는 그리스 신화에 나오는 잘 생긴 소년입니다. 그는 물에 비친 자신의 모습에 홀린 듯 그것을 한참 쳐다보다가 결국 물에 빠져 죽어 수선화가 되었다는 신화의 주인공입니다. 이 신화를 바탕으로 하여 자기 도취형의 사람, 또는 병적으로 자신을 향한 자부심이 강한 사람을 가르켜 '나르시시스트(Narcissist)'라고 합니다.

물론 자기를 사랑한다는 것은 자신의 생명을 주신 하나님을 사랑하는 것과 일치함을 부인하지는 않습니다. 다만 자신을 지나치게 사랑하고 의지하며, 집착하게 되면 자신도 모르는 순간에 "나는 나다. 나외에 그 누구도 나를 지배할 수 없다!"라는 인생관을 가지게 될 것입니다. 그럴 때 그 사람에게는 예수님이 들어 가실 자리가 없게 될 것이요, 그로 인하여 기회를 엿보던 사탄이 그를 이용하게 될 것이 분명합니다.

그러므로 자신보다 예수님을 마음에 모시고 의지해야 한다는 것은 결코 "자신을 나약한 인간으로 만들라"는 말씀이 아닙니다. 다만 "제대로 된 믿음을 소유하라"는 권면입니다. 자신보다는 "오직 예수, 더욱 예수, 결국 예수, 절대 예수님"만을 의지하는 믿음을 소유해야 사탄의 역사에서 이겨낼 수 있으며, 그의 도구가 되지 않을 수 있는 것입니다. 또한 코가콜라 사장이 "내 몸에는 코가콜라가 흐르고 있다!"고 말하였다는데, 우리 교인들의 신앙고백 속에는 "내 혈관에 세상권세, 사망권세, 사탄의 권세를 십자가에서 단번에 이기시고 부활하신 예수님의 보혈이 흐르고 있다!"는 영적 외침이 있어야 할 것입니다.

"예수는 나의 힘이요 내 생명 되시니 구주 예수 떠나 가면 죄 중에 빠지리 눈물이 앞을 가리고 내 맘에 근심 쌓일 때 위로하고 힘 주실 이 주 예수"(찬송가 93장)

그 예수님은 "모든 정사와 권세와 능력과 주관하는 자와 이 세상 뿐 아니라 오는 세상에 일컫는 모든 이름 위에 뛰어나게 하시고 또 만물을 그 발 아래 복종하게 하시고 그를 만물 위에 교회의 머리로 주셨느니라"(엡 1:21-22)는 예언이 응답되신 분이십니다.

그러므로 예수님의 이름의 권세와 보혈의 공로를 철저히 의지하며 삶을 경영해야 합니다. 그럴 때, 드디어 나를 악용하여 하나님의 이름과 영광을 욕되게 하고자 하는 그 사탄이 한 길로 왔다가 일곱 길로 물러가는 것을 영의 눈으로 보게 될 것입니다.

 봉사

차량 안내 십계명

　승용차로 교회 오시는 어느 여집사님의 집에서의 출발 모습입니다. 화장을 곱게 하고 차량 키를 들고 나옵니다. 비가 오나, 눈이 오나, 밤 예배시간만 제외하고는 선글라스를 착용하기도 합니다. 가끔 시동을 건 후, 한 번 더 돌려서 "끼~익" 하는 소리를 듣고서야 완전히 시동 걸렸음을 확인하기도 하지요.

　그리고 잠시 묵상기도를 하거나, "주여~"를 외친 후, 왼쪽 사이드 밀러로 다시 한 번 화장을 고칩니다. 반드시 흰 장갑을 끼고 출발한 후, 목사님의 설교 테이프나 극동방송을 들으면서 교회로 달려옵니다.

　교회에 도착하여서는 주차장에서 한 5분 간에 걸쳐 전진, 후진을 5cm 씩 왔다 갔다하며 뒤에서 주차를 기다리고 있는 성도님을 향하여 겸연쩍은 미소와 손짓을 던져 보기도 합니다. 그러다가 자동으로 시동이 꺼집니다. 다시 시동을 켜서 드디어 주차를 했는데 앞쪽 화단의 턱에 작은 상처를 주고 맙니다. 처녀 때, 따라다니던 총각들의 마음에 상처를 준 적이 많았던 여집사님이신 모양입니다.

차에서 내린 후, 본당으로 올라 가다가 "아차!" 소리를 지르며 다시 차로 뛰어와 차 키를 뺍니다. 이제는 아무 이상이 없다고 생각하며 다시 본당으로 올라가다, 또다시 차로 돌아와 문을 잠급니다. 이제는 예배 시간에 늦지 않기 위해 바삐 본당으로 뛰어 올라갑니다. 그리고 올라간 본당 입구 안내석에서 뛰노는 어느 어린 아이들을 보면서 소스라치며 하시는 말, "어머머, 차 안에 있는 내 아기?!…."

어느 교회 주차장이든, 교회 주차장은 참으로 협소합니다. 그러나 차량은 거의 한 교인 당 한 대입니다. 그러므로 교회입구 및 마당에서의 주차요원들의 봉사는 마치 그 교회의 얼굴과도 같은 중요한 사역입니다. 만일 백화점의 입구에 쉰세대 아주머님들을 내세워 안내케 한다면 망하고자 작정한 백화점일 것입니다. 또한 대형할인매장의 입구에 화장품 및 향수 코너가 아니라, 생선 코너를 만들어 진열한다는 것도 망하고자 기를 쓰는 매장일 것입니다.

마찬가지로 교회에 들어오시는 교인들과 차량을 향한 주차요원들의 예의와 매너는 그 교회의 부흥과 성장에 큰 원동력이요, 지름길임을 부인할 수 없습니다. 특히 운전에 미숙하거나, 우리 교회를 나온지 얼마 되지 않은 교인들에게는 더욱 그러합니다. 그래서 저희 교회는 '차량 안내 십계명'을 제작하여 차량 봉사대원 대기실에 부착해 놓았습니다. 그리고 그런 대원들이 되시기를 소망해 봅니다.

1. 맞을 때는 기쁨으로, 보낼 때는 감사함으로!
2. 오늘 받을 은혜는 내 얼굴에서 시작됩니다.
3. 우리는 맞는 말보다 좋은 말을 합니다.
4. 우리는 예수님의 섬김을 따릅니다.
5. 우리는 언제나 반가운 인사를 합니다.
6. 우리의 웃음은 전도입니다.
7. 우리는 늘 깨끗하고 정한 복장을 착용합니다.
8. 우리는 제2교회의 얼굴입니다.
9. 우리는 제2교회의 자랑입니다.
10. 따뜻한 말 한 마디, 감동을 낳습니다. 아멘!

 아멘

성령의 신바람 경건

"남편께서 주일날 함께 교회로 와서 예배 드리는 것도 엄청난 변화인데, 다른 남성도들처럼 소리내어 찬송하기를 기대하는 것은 시기상조지요!"

그동안 자신의 가슴을 남편구원을 위한 기도의 방망이로 멍들게 하였던 어느 집사님이 계십니다. 그러나 이제는 그 기도의 응답으로 남편과 함께 주일 오전예배를 드리게 된 어느 여집사님의 이야기입니다. 과거에 바람을 피우며 양쪽 집을 오가던 남편이 이제는 늦게라도 집으로 들어오는 것만도 고맙다는 어느 아줌마의 처지와 같이, 주일예배에 참석해 주는 것만으로도 그렇게 남편이 고마워 보일 수 없는 중년 집사님의 이야기입니다.

찬송을 억지로 부르는 것과 신이 나서 부르는 것 중, 어느 것이 더 쉬울까요? 신이 나서 부르는 것이 더 쉽고 기쁩니다. 왜냐하면 누군가에 떠밀려 억지로 부르게 되면 불평만 늘게 되기 때문입니다. "에이, 오늘 예배의 찬송은 왜 5절까지 있는거야? 아니, 그런데 그 목사는 5절까지 불렀으면 끝내고 축도나 해야지 왜 또 4~5절은 반복하여 부르자는 거야? 이 바삐 움직이는 세상에 찬송가는 2절까지만 있으면 되는거지 말이야! 나는 찬송가 1장이 제일 좋더라…"

그러나 성령의 신바람이 나서 드리는 찬송은 은혜충만, 성령충만, 그리고 응답충만하여 찬송가사가 자신의 기도제목이 됩니다. 몇 곡을 불러도 전혀 싫증이 나지 않습니다. 그리고 찬송을 부르던 중, 성령님이 주시는 회개 혹은 감사의 눈물로 인하여 영육이 치료되어지는 은총을 체험케 되는 찬송이 되는 것입니다.

마찬가지로 기도 혹은 말씀을 받던 중, "아멘!"으로 화답하는 경건도 억지로 하지 말고 신바람이 나서 믿음으로 하면 그 아멘이 자신의 삶의 치료제, '아멘약'이 될 것입니다. 아멘약 조제를 잘하는 교인이 되기를 소원합니다. 우리 남성도들은 군대에서 보초 근무를 하면서 졸음을 이겨내지 못하고 잠시 잠을 청하였던 추억들이 있을 것입니다.

신앙의 유무와 상관없이 찾아오는 불청객이 바로 졸음입니다. 일설에 성령님도 졸음 앞에서는 무릎을 끓었다는 이야기도 있는데, 어느 신앙 좋은 병사도 쫄병생활에 지쳐 잠시 잠을 자다가 느낌이 이상하여 놀라 눈을 떠보니 일직 사령관이 앞에 서 있는 것이 아닙니까? 엄한 벌을 받을 것이 뻔한 순간이였습니다. 그 때, 그 믿음의 병사에게 하나님이 지혜를 주셨습니다.

그래서 병사는 다시 한 번 고개를 정중히 숙였습니다. 그리고 알 수 없는 몇 마디를 중얼거린 후, 고개를 들어 하늘을 우러러 보며 이렇게 외쳤다는 것입니다. "아멘!" 그리고 "충성!"을 사령관에게 소리 높여 외치자, 그 상관께서는 애매한 표정으로 다른 초소로 이동하셨다는 것이 아닙니까?

'아멘'에 인색하면 하나님께서도 복을 내려 주심에 인색할 것입니다. 하나님의 말씀에 아멘으로 긍정하지도 못하는 교인에게 은혜와 축복을 주는 것은 돼지 발가락에 금반지를 끼어 주는 것처럼 그 소중함을 깨닫지 못할 것이기 때문이라고 말씀하실 것입니다. "하나님의 약속은 얼마든지 그리스도 안에서 예가 되니 그런즉 그로 말미암아 우리가 아멘하여 하나님께 영광을 돌리게 되느니라"(고후 1:20)

찬송생활, 기도생활, 그리고 자신을 향한 하나님의 말씀에 대한 화답인 '아멘'의 경건에 신바람, 성령의 역사가 충만하기를 사모해야 할 것입니다.

 찬송/감사

'무료입장, 유료퇴장'에서 면제된 좌석

 찬양대원으로 임명 된 후, 찬양대석에 앉게 되면 몇 가지 좋은 점이 따라 옵니다.

예배 시간에 무슨 옷을 입을까 하는 걱정을 일년내내 하지 않아도 됩니다. 그리고 사람들이 넘치도록 입장하는 총동원주일이라고 해도 앉을 좌석 걱정을 하지 않아도 됩니다. 왜냐하면 특석으로 예약되어 있기 때문입니다. 특히 좋은 점은 설교 시간에 교인들의 회개거리를 지적하는 목사님의 손가락과, 그 예리한 눈을 직접 마주치지 않을 수 있는 것입니다.

물론 목사님께서 얼마 전에 틀니를 하시므로, 설교 중에 터져 나오는 다량의 침을 직격탄으로 맞지 않을 수 있으니 그것은 정말 감사헌금을 드려야 할 감사조건입니다. 또한 교인석을 내려다

보며 누가 나왔는지, 혹 결석하였는지를 살펴 볼 수 있는 전망이 좋은 전망대이기에 좋은 좌석입니다.

특히 찬양대석이 기가 막히게 좋은 좌석인 까닭은 주일 저녁 예배시간 때문입니다. 때로 농어촌 교회 목사님, 또는 선교사님이 오셔서 설교를 하시면 목사님께서 갑자기 헌금을 하자고 하십니다. 정말 그런 주일은 '무료입장, 유료퇴장'을 하게 되는 날입니다. 그런데 갑작스러운 헌금이기에 헌금위원이 준비되지 않아 "찬양대원들 중에 약 7~8명 정도 헌금위원으로 나오시오!"라고 말씀하십니다. 그 때 선착순으로 달려나가면 헌금을 드리지 않아도 되니, 이것이야 말로 엄청난 특권이 아니겠습니까? 즉 '무료입장, 무료퇴장'을 할 수 있으니 말입니다.

그저 잠시 미소를 안아 보자고 한 이야기입니다. 그러나 분명한 것은, 그 찬양대 좌석은 예배를 위하여 구별된 곳입니다. 즉 성령님께서 찬양을 위하여 특별히 임명하신 분들만 앉을 수 있는 성별된 자리입니다. 그러므로 회개와 감사의 마음을 가득 담고 앉아야 합니다. 그리고 연습 시간에 잘 참석한 흔적을 가지고 앉아야 할 것입니다.

동시에 그 주일, 하나님께 드리고자 준비한 찬송의 가사에 자신이 벌써 감동된 상태에서 앉으셔야 할 것입니다. 이는 마치 설교자가 그 준비한 설교 내용에 자신이 먼저 은혜받은 흔적을 가지고 단에 올라가 선포하면, 회중들도 그 말씀을 통하여 하나님을 만나게 될 수 있는 것과 같은 영의 원리인 것입니다.

설교자의 마음이 불붙지 않았는데, 어찌 성도들의 심령이 뜨거울 수 있겠습니까? 마찬가지로 자신이 찬양하는 가사에 본인이 감동과 은혜가 없는데 그 찬양을 듣는 대상이 하등동물이 아니요, 하나님의 형상인 성도들인데 어찌 은혜와 감동을 나눌 수 있겠습니까? 현대교회 일부 찬양대원들의 문제점이 있다면 그것은 "열은 있는데 빛이 없다는 것"입니다. 즉 열심히 준비하여 찬양을 하건만, 하나님이 영광을 받으시거나 교인들이 은혜의 문을 여는 찬양을 드리지 못하고 있다는 것입니다.

찬양을 받으시는 하나님께, 혹은 듣고 계신 교인들에게 문제가 있는 것이 아닙니다. 도리어 내 탓이요, 내 큰 탓임을 인정해야 합니다. 이제라도 내가 부르는 찬송에 내가 감동이 되도록 하나님께 회개한 흔적과, 특히 이 찬양대원 좌석에 아직도 앉아 있을 수 있음에 대한 감사의 마음이 회복되어야 합니다. 그로 인하여 예배찬송, 연주찬송, 전도찬송, 교육찬송, 또는 친교찬송 등 무슨 찬양을 바치더라도 봄날의 햇살같은 따스함과, 설레임을 성도들에게 전달하는 찬양선교사들이 되시기를 사모해 봅니다.

"…시와 찬미와 신령한 노래를 부르며 마음에 감사함으로 하나님을 찬양하고 또 무엇을 하든지 말에나 일에나 다 주 예수의 이름으로 하고 그를 힘입어 하나님 아버지께 감사하라"(골 3:16-17) 아멘!

3부

성도님의 관심은 무엇입니까?

눈화장의 원인은 '파리' 때문이었습니다.

서울에서 목회하시는 어느 목사님께서 남태평양 괌에 있는 조선족 신학교 강의를 위하여 괌으로 떠났습니다. 2주간 집중강의를 통하여 그 곳 공장에서 일하다가 주님을 만나 하나님의 종으로 헌신한 조선족 청년들을 교육시키기 위하여 드디어 괌 공항에 도착하였습니다.

그 목사님께서는 한국의 겨울 날씨와 너무나 판이하게 다른 무더운 날씨에 놀람과 함께 신기함을 느끼며 사랑하는 아내에게 이메일을 보냈습니다. 그런데 순간 착각해서 그 메일은 아내의 이메일 주소가 아니라, 얼마 전에 세상을 떠난 원로 목사님의 따님 댁의 이메일 주소로 전달되고 말았습니다.

그런데 그 원로 목사님 사모님은 따님이 보여 주는 이메일 내용을 보다가 결국 기절하고 말았습니다. 왜냐하면 이런 내용이었기 때문이었습니다. 이는 "여보, 이제 무사히 도착을 하였소. 이 곳은 생각보다 더 뜨겁고, 마치 용광로 속에 들어와 있는 것 같구려!"라고 말입니다.

인터넷은 우리들에게 엄청난 정보를 주는 장점도 있으나, 이렇게 서로에게 오해나 충격을 줄 수 있는 가능성도 배제할 수 없는 매체입니다. 그러므로 사람 사는 모든 곳에서는 기본 예의가 필요하듯이, 사이버 공간에서도 예의는 필수적 요소일 것입니다. 그런데 기본 예의도 없이 익명이나, 가명으로 특정교회나 교인들을 비난하는 일은 너무나 안타까운 일이라고 말씀 드릴 수 있습니다.

왜냐하면 익명성을 방패로 삼아 인신공격, 저속언어 구사, 비아냥거림, 심지어 저주하는 말까지 거침없이 하는 교인아닌 교인들이 우후죽순처럼 생겨나고 있기 때문입니다. 일반 사회에서도 이런 양상을 그리 좋은 시각으로 보지 않는데, 하물며 교회 공동체가 그렇게 변해 간다는 것은 정말 땅을 치며 통탄할 일이 아니겠습니까?

그러나 이제라도 우리가 좌우의 사람만 의식하지 말고, 지금도 우리를 바라보고 계시는 위에 계신 아버지 하나님을 의식하는 신앙자세로 전환한다면 아직도 소망은 남아 있다고 믿고 싶습니다. 즉 이제라도 전지전능하신 하나님의 존전의식이 회복되는 사이버 이용 교인들이 된다면 예의의 사각지대요, 규범의 공동묘지같은 반기독교적인 사이버 공간은 점점 아름다운 사랑의 공동체로 변화하게 될 것입니다.

마치 옛날 프랑스의 수도 '파리'는 각종 오물과 개들의 배설물로 엄청난 파리들이 몰려 들던 곳이었습니다. 그래서 옛날 프랑스 여인들은 눈에 파리들이 앉는 것을 방지하거나, 혹은 파리들의 배설물이 눈 근처에 떨어져 지저분해 지는 것을 방지하기 위해 시작한 것이 바로 '눈화장'이었다는 것입니다.

파리들 때문에 결국 여인들의 아름다움의 상징인 눈화장이 시작되었듯이, 이 사이버 공간 문제도 그러합니다. 기독교계 문제를 문제로 만들면 더 큰 문제를 발생시켜 종국에는 서로가 죽고 말 것입니다. 그러나 그 문제들을 사랑으로 감싸며, 기도하기를 원하는 글을 실명으로 올리다 보면 결국 서로에게 유익한 결과를 맛보게 될 것입니다.

서낭당 고목나무의 속이 왜 썩었는지 아시는지요? 사람들이 와서 빌기는 하는데 응답해 줄 것이 없어 썩었다는 이야기를 들어본 적이 계신지요? 그렇습니다. 익명의 비판적 글들이 기독교 사이버 공간을 썩게 만들고 있습니다. 왜냐하면 그런 글들을 통해서는 결코 개인이든, 교회 공동체이든 치유의 응답을 줄 수 없고, 얻을 수도 없기 때문입니다.

두터운 겨울 옷을 벗길 수 있는 것은 결코 찬바람이 아닙니다. 다만 따뜻한 태양일 뿐입니다. 이제는 우리 모두 건전한 기독교 사이버 공간을 만들어가는 역사의 주인공들이 되시기를 진심으로 소원합니다.

말의 생명력

"흥해라!"

하나님께서는 말씀으로 이 세상을 창조하시고, 지금도 말씀으로 세계와 성도들을 다스리십니다. 그러므로 그분께서 우리들에게 교훈해 주시는 것은 말에는 창조력과 생명력이 있다는 것입니다. 물론 우스갯 소리처럼 들릴 말이지만, 우리 한민족 속에 흐르고 있는 이야기 중에는 이런 말이 있습니다.

너무나 힘들게 살던 옛 시절, 먹고 사는 것도 힘들었는데 심지어 자녀들까지 속을 썩이자 그 자녀들에게 이런 말을 많이 하였습니다. "나가서 뒈질 녀석 같으니라고…." 정말 그 말들이 씨가 되어 우리 민족은 6 · 25 전쟁을 겪으면서 고향 산천을 떠나게 되었습니다. 그리고 1 · 4후퇴를 통하여 수많은 사람들이 거리와 들에서 죽고 말았습니다. 우리 어르신들이 하신 말씀대로 되고 말았습니다.

그리고 휴전이 된 후, 감기약 조차 원할 때 복용할 수 없었던 시절이 있었습니다. 그 시절, 누런 콧물을 흘리는 우리들에게 어르신들은 자신의 옷소매로 그 콧물을 닦아 주시며 이런 말씀들을 하셨습니다. "애야! 홍 해라, 홍…." 그 후, 그 어르신들의 말씀대로 새마을 운동을 중심으로 경제적으로 홍하게 되는 역사가 새롭게 만들어지지 않았습니까?

물론 가벼운 이야기로 치부할 수 있으나 분명한 것은 우리들의 말에는 영향력이 있다는 것입니다. 그 결과가 부정적, 혹 긍정적이든 말입니다. 그러므로 가정과 교회생활하면서 구성원들을 향하여 긍정적인, 성경적인, 축복적인 말들만 할 수 있는 은사를 사모해야 합니다. 즉 "복받을 녀석이구먼!", "이 애비보다 더 크게 될 자식같으니라고!", "너는 하나님이 함께하실 자녀야! 그러므로 네가 어떤 형편에 처해 있다 하더라도 그분께서 함께 계심을 감사해야 한단다."

심지어 우리들은 실망과 낙담케 하는 현실을 만난다 해도 결코 부정적인, 염세적인, 비성경적인 이야기와 말을 그림자라도 간직하지 말아야 할 것입니다. 저는 목회를 하면서 이렇게 기도하는 집사님을 만나 보았습니다. "목사님, 하나님께서 어떤 방법을 동원하셔서라도 저의 불신 남편을 교회로 돌아오게 해 주시기를 원하고 있어요. 그 방법이 무엇이든지 상관이 없어요."라고 말입니다. 그런데 결국 그의 남편이 하나님께 돌아오기는 하셨는데 큰 교통사고로 인하여 육신 뿐 아니라, 정신까지 불구가 되어 돌아오고 말았습니다.

또한 우리 교계의 ○○○목사님 어머님도 늘 이런 말씀을 하셨습니다. "나는 50살까지만 살고 천국갈 것이야! 이 세상에는 큰 미련이 없단 말이야!" 이런 말씀을 주문 외우듯이 하셨는데, 정확히 49년 364일 만에 돌아가시고 말았습니다. 물론 절대적인 의미를 부여해서는 안될 것입니다. 그럼에도 불구하고 의사 선생님의 말씀 한 마디에 환자가 울고 웃듯이, 또한 목사님의 교인을 향한 말씀 한 마디에 그 영육의 기쁨과 두려움이 가름되는 것을 부인할 수 없기 때문입니다.

그런데 예수님의 말씀 한 마디의 생명력과 치유력은 가이 측량할 수 없을 정도입니다. 특히 그 주님의 말씀대로 될 줄로 믿는 사람에게는 그 말씀 응답의 높이와 넓이, 그리고 깊이는 한이 없을 것입니다. 그러므로 성경에 나타난 백부장과 같은 믿음을 소유해야 합니다. 주님의 말씀 한 마디면 만사형통 될 것이라는 신앙을 간절히, 즉 간이 절이도록 사모해야 할 것입니다. "백부장이 대답하여 가로되 주여 내 집에 들어오심을 나는 감당치 못하겠사오니다만 말씀으로만 하옵소서 그러면 내 하인이 낫겠삽나이다"(마 8:8) 아멘!

> 부부 간의 예의

"여보, 119!"

세월을 무시할 수 없는 것이 인생인 듯합니다. 특히 부부관계는 더욱 세월의 흐름을 느끼게 됩니다. 만남의 초반기에 지금의 아내가 감기에 걸려 콜록거렸을 때, 남성도님들은 어떻게 반응하였습니까? 약국에 가서 약을 조제해 와, 뛰어 들어오며 "자기야, 여기 약 지어 왔어 빨리 먹고 한잠 푹 자면 좋아질 것이야!", 그 후 연애시절로 무르익어 갔을 때 "차라리 내가 아팠으면 좋겠다."고 하지는 않으셨는지요? 자기 부모님이 아프셨을 때도 그런 말씀을 드렸을까 하는 의문을 가져 봅니다.

드디어 결혼을 하고 과도기가 되었을 때, "그러게 왜 내 말 듣지 않고 그렇게 싸돌아 다니는거야? 에이, 빨리 약국에 가서 약 사먹어야지, 아이에게 감기 옮기게 되면 책임질거야?"라고 반응합니다. 빙그레 웃으시는 분은 한 번쯤 경험하신 분은 아니신지요? 그리고 결혼의 권태기에 들어간 부부의 남편은 이렇게 말합니다. "야! 어어, 음식에 콧물 떨어지잖아? 아니, 콧물을 어디 여기서 닦아? 무식하기는…."

드디어 결혼 20여 년이 넘게 되면 하는 말이 있다고 합니다. "아까 당신이 입댄 컵이 어떤 것인가?" 그럼 "어허, 그렇게 말할 수 있는 남편이라면 간 큰 남자지요!"라고 말씀하시는 분도 계실 것입니다. 왜냐하면 지금도 '한국형 남편'들은 "나는 아내를 위한 역사적 사명을 띠고 이 땅에 태어났다!"고 외치며, '예수님형 남편'들도 "안방에 계신 우리 아내여, 이름이 거룩히 여김을 받으시오며"라고 고백하고 있기 때문입니다.

그러나 각 가정의 부부 나름대로 정도의 차이가 있을 것이나, 지금까지의 이야기들이 우리네 삶의 한 단면이 아닐까 생각합니다. 왜 이렇게 변해가는 것일까요? 그 이유는 결혼의 연수가 지남에 따라 부부 간에 서로를 향한 기본적인 예의까지 점점 없어지기 때문입니다. 우리가 이제라도 깨닫고 실천해야 할 것은 예의를 표해야 할 여러 관계 중에 최고의 예의를 갖추어야 할 대상은 바로 자기 아내와 남편이라는 사실입니다.

특히 이 예의는 우리들의 가정에서 부부를 중심으로 실천되어야 합니다. 물론 가정은 운동장과 같이 자유로워야 합니다. 그럼에도 불구하고 운동장에서 뛰는 선수들은 분명한 규율과 경기방식에 의거하여 경기할 때, 결국 승리하듯이 운동장같은 가정, 그곳에 거하는 선수같은 부부이기에 더욱 예의와 지켜야 할 원칙이 있어야 합니다.

그러므로 내 생각되는 대로 이야기하는 습관을 던져버려야 합니다. 우리들은 이미 그리스도 안에서 새로운 피조물이 되었기 때문입니다. 부부 피차 간에 가끔 이런 구호를 전하여 봄이 유익할 것입니다. "여보, 119! 우리 119를 잊지 맙시다!" 무슨 뜻이 담긴 구호일까요? 야고보서 1장 19절을 보니 이런 말씀이 있습니다. "내 사랑하는 형제들아 너희가 알거니와 사람마다 듣기는 속히 하고 말하기는 더디 하며 성내기도 더디 하라" 아멘!

 임종/믿음

"조상 뵐 면목이 없어서…."

목사님께서 어느 성도님 가정의 불신 어르신이 임종을 맞이하게 되었다고 하여 병원심방을 가셨습니다. 평소에 몇 번 뵈옵넌 어르신이기에, 그의 영혼을 불쌍히 여겨 구원초청을 하고 싶은 마음에 온 가족을 병실에서 나가도록 하였습니다. 혹 가족이 곁에 있게 되면, 그들을 의지하고 싶은 마음에 예수님을 거절할 것 같은 생각 때문이었습니다.

"어르신, 사람이 동물과 다른 것은 영혼이 존재하기 때문입니다. 예수님을 영접하지 않은 영혼은 지옥으로 가고 말 것입니다. 이 시간 제가 인도하는 구원초청에 응하셔야 합니다!" 이렇게 목사님은 간절하게 말씀을 드렸습니다. 그러자 그 어르신께서는 말을 하지 못하시고, 몹시 괴로운 표정을 지으시며 허공을 향하여 손을 허우적거리는 것이 아닙니까?

목사님은 그 어르신께서 너무나 힘이 없으셔서, 말씀하시기가 어려운 줄로 알고 연필과 종이를 드렸더니 몇 자를 힘겹게 쓰시다가 도중에 운명하고 말았습니다. 목사님은 할 수 없이 그 종이쪽지를 가지고 병실 밖으로 나가, 그 유언과 같은 쪽지의 내용을 가족들에게 읽어 드리게 되었습니다. 그리고 본인도 기절할 뻔 하였다는 것입니다. 왜냐하면 그 어르신께서 남긴 그 쪽지의 내용 때문이었습니다. "목, 목사니임! 목사님께서 지금 저의 호흡기 줄을 밟고 있단 말입니다… 어어허… 으윽…." 결국 그 목사님은 그 환자의 '목을 졸라 죽인 사람'이 되고 말았다는 것입니다.

전도왕 김기동 집사님의 간증입니다. 어느 교인댁 어르신이 돌아가시는데 예수님을 영접하게 해 달라는 요청을 받고 병실로 들어가셨다는 것입니다. 그 병실에는 가족들이 슬픈 얼굴로 그 임종하시는 어르신 곁에 서 있었습니다. 김집사님은 기도를 하신 후, 예수님과 지옥 그리고 천국을 열정적으로 소개하며 예수님을 영접할 것을 요청하였습니다. 그러자 그 어르신께서 죽어가는 목소리로 그 김집사님께 하신 말씀은 이런 이야기였다는 것입니다. "내가 지금 예수를 믿으면 잠시 후, 죽음 뒤에 만나 보아야 할 조상님께 면목이 없게 되기 때문에…. 미안합니다…."

저 자신도 목회를 하면서 암으로 투병하다가 결국 숨을 거두는 분과 신앙상담을 한 기억이 있습니다. 즉 저와 대화하던 그 중년의 아저씨도 잠시 예수님 이야기를 듣는 듯하더니 결국에는 등을 돌려 누워 버리고 말았습니다. 그리고 얼마 후에 이 세상을 떠나고 말았습니다. 그 모습을 보면서 저는 뼈저린 교훈을 얻게 되었습니다. 그리고 하나님께 진심으로 감사를 드렸습니다. 사람이 죽었는데, 무슨 감사냐고요?

그것은 "믿음은 모든 사람들의 것이 아니라"는 진리에 대한 감사였습니다. 즉 우리 예수님을 자신의 영육의 구주로 영접한 후, 천국을 소망하며 살아가기에 삶의 절제와 결단이 있을 수 있는 것은 순전히 하나님의 은혜입니다. 오직 하나님의 선물인 것입니다. 다시 말해서, 하나님께서 수많은 인생들 중에 우리들만 뽑아서 선택하였기에 예수님이 구주이심이 믿어지는 것입니다. 결코 내가 예수님을 믿은 것이 아닙니다.

그 진리를 인정하는 성도는 늘 이런 찬송이 신앙고백의 주제가 될 수밖에 없을 것입니다. "아 하나님의 은혜로 이 쓸데없는 자 왜 구속하여 주는지 난 알 수 없도다 내가 믿고 또 의지함은 내 모든 형편 잘 아는 주님 늘 돌보아 주실 것을 나는 확실히 아네" 아멘!

 직업/관심

"성도님의 관심은 무엇입니까?"

 "목사님 차량에 이상이 있는 것 같네요? 제가 한 번 점검해 보겠습니다."

저는 매일 타고 다니는 승용차이면서도 차량에 이상이 있음을 감지하지 못하였습니다. 그러나 심방을 위하여 동승한 어느 집사님은 단번에 제 차량의 엔진 이상을 소리를 통하여 알아낼 수 있었습니다. 저는 창가를 스쳐가는 건물들 중, 교회건물에 관심이 많지만 그 집사님의 관심의 대상은 승용차의 안전 여부였던 것입니다.

마찬가지로 교인들은 자신의 직업에 따라 좋아하는 성경구절이 다 다르다고 합니다. 즉 아기를 잉태하기를 간절히 소망하고 있는 교인이 좋아 하는 성경은 "에베소서!"라고 합니다. 또한 우산의 도매하는 교인은 "사십 주야를 비가 땅에 쏟아졌더라"(창

7:12)는 성경을 제일 암송을 잘한다고 하며, 강화에서 대하(큰 새우)를 판매하는 교인은 "역대하"를 제일 즐겨 읽는다고 하는데 사실인지 모르겠습니다.

그리고 주방기구인 도마를 소매하는 교인이 제일 좋아하는 예수님의 제자는 "도마"이며, 혼수감 중 이불을 도매하는 교인은 "다윗왕이 나이 많아 늙으니 이불을 덮어도 따뜻하지 아니한지라"(왕상 1:1)는 성구에 제일 은혜를 받는다고 합니다.

아기 기저귀를 판매하는 교인은 "낳고"라는 단어만 무려 42번이나 나오는 마태복음 1장을 너무나 좋아 하시며, 예식장을 경영하시는 집사님은 "이러므로 남자가 부모를 떠나 그 아내와 연합하여 둘이 한 몸을 이룰지로다"(창 2:24)라는 성구가 나오면 그 누구보다도 고개를 끄덕이며 아멘을 외친다는 것이 아닙니까?

이는 마치 김을 도매하시는 분에게 "이제는 3김 시대가 청산되어야 하는 것 아니야?"라고 질문을 하였더니, 이렇게 대답하였다는 이야기와 같습니다. "아니, 그럼 당신의 의견은 충무김, 남해김, 그리고 완도김 판매를 청산하란 말인가? 이 사람아, 그건 나에게 김장사를 청산하라는 말과 같은 말일세. 결코 그럴 수는 없지…"

애인이 생겨 그에게 관심을 가지게 되면 라디오나 텔레비전에서 흘러 나오는 유행가 가사가 다 자기에게 해당되는 것 같듯이, 신앙생활도 어디에, 그리고 무엇에 관심을 기울이느냐에 따라 그 결과의 차이가 있을 것입니다.

그런데 성경은 이렇게 말씀하고 있습니다. "그런즉 너희가 먹든지 마시든지 무엇을 하든지 다 하나님의 영광을 위하여 하라"(고전 10:31) 즉 무엇을 하든지 그 일을 통하여 하나님이 선하게 반사되기를 바라는데 최종적인 관심을 가지고 삶을 경영하라는 것입니다. 그럴 때 "내가 살아도 주를 위하여 살고, 죽어도 주를 위하여 죽나니 내가 사나 죽으나 주님의 것"이라고 고백하는 깊이 있는 신앙의 단계로 올라가게 될 것입니다.

세계의 수많은 종교인들은 자신의 유익에 관심을 가지고 그 종교를 신봉하고 있습니다. 그러나 유독 기독교만은 자신이 아니라, 관심의 초점이 오직 하나님이어야 함을 강조합니다. 그 까닭은 그 아버지 하나님께서 벌레만도 못한 우리 죄를 대속하시기 위하여 독생자 예수님을 십자가에 버리시기까지 한 사랑을 조금이라도 갚아 드려야 하기 때문입니다. 성도님의 오늘의 관심은 누구입니까? 그리고 무엇입니까?

 탕자/용서

교회는 '돌탕교인'을 품을 줄 알아야 합니다.

어느 교회에서 일어났던 이야기입니다. 자의반, 타의반으로 술집에서 일을 하였던 자매가 결혼 후에, 새 생활의 결심 표현으로 교회를 다니게 되었습니다. 그 후, 그 자매의 마음을 흔들어 예수님을 구주로 영접케 한 성경내용은 바로 '막달라 마리아'에 대한 기사였습니다. 물론 '막달라 마리아'라는 이름이 붙여진 이유가 그녀의 성격이 급하여 항상 "좌우간 그거, 막달라 말이야!"라고 고함쳐서 그런 것은 아닐 것입니다.

그 막달라 마리아의 과거는 참으로 어두웠습니다. 한두 귀신이 아니라, 일곱 귀신에게 괴롭힘을 받던 여인이었기에 많은 사람들 가운데서 늘 왕따를 당하던 외로운 여자였습니다. 그러나 예수님을 만난 후, 주님의 은혜로 일곱 귀신이 물러 갔으며(막 16:9), 그 결과로 예수님의 사역에 동역하는 축복을 받게 되었습니다.

　결혼전 술집에서 일하던 그녀는 그 막달라 마리아의 변화된 삶을 닮아가고자 최선의 신앙생활을 하므로 드디어 여집사님으로 임명을 받게 되었습니다. 그리고 세월이 흐른 후, 막달라 마리아처럼 주님의 사역을 앞장 서서 수종드는 여전도회의 회장으로 봉사하게 되었습니다. 그런데 그 교회 몇몇 여집사님의 반대로 인하여 목사님과 그 여집사님은 큰 고민에 빠지게 되었습니다.

　그 이유는 그 백설공주(백방으로 설치며 다니는 공포의 주둥아리들) 여집사들이 "아니, 목사님! 과거에 술집에서 몸을 팔던 여자를 어찌 우리 교회와 같은 보수적인 교회의 여전도회 회장으로 임명하실 수 있습니까? 만일 그대로 그녀가 회장직을 맡게 된다면 우리들만은 여전도회 사역을 일년 동안 쉬도록 하겠습니다!"라고 항변을 하였기 때문이었습니다.

　성도님은 그 교회 상황을 어떻게 생각하십니까? 물론 그 일부 여집사님들의 판단에 긍정하시는 분들도 있을 것입니다. 그러나 아프리카 초원에 '오랑우탕'이 있듯이, 하나님의 교회에는 '돌탕'이 있을 수 있다는 것을 인정해야 합니다. '돌탕'이란 "돌아온 탕자"를 일컫는 말입니다. 왜냐하면 교회는 하나님 앞에 죄인들이 모여 예수님의 보혈의 은혜로 의인이 되어 하나님을 아버지라고 부를 수 있는 유일한 단체이기 때문입니다.

만일 세상에 의인들만 있다면 교회는 이 세상에서 존재할 이유가 없을 것입니다. 물론 돌아온 탕자의 형님이 동생을 환대하는 아버지를 바라보며 심히 실망하며, 불평하는 모습을 한편 이해할 수 있습니다. 그럼에도 불구하고 기억해야 할 것은 하나님은 자신 곁으로 돌아온 그 돌탕교인들을 향하여 동이 서에서 먼 것처럼 그들의 과거 죄악을 온전히 용서하셨음을 '돌탕 비유'를 통하여 분명하게 보여 주고 계시다는 것입니다(눅 15:11-32).

또한 십자가 상의 예수님께서는 "다 이루었다"(요 19:30) 말씀하셨지, "참으로 아쉽다. 약 58%만 이루었다. 나머지 42%는 너희들이 선행이나 고행을 통하여 채워서 결국 죄 용서함과 하나님의 자녀가 되어 가거라!"고 말씀하시지 않으셨습니다.

그러므로 주님이 용서하시고, 또한 성령님이 그 돌탕교인들을 사용하시겠다는데(행 20:28), 내가 그들의 과거를 들추어 내며 반대만 한다면 하나님보다 앞서 가는 우매자가 될 수 있습니다. 그리고 먼훗날 우리들의 자녀들이 돌탕이 되었을 때, 똑같은 대접을 받게 될 확률이 많을 것입니다.

"그러므로 남을 판단하는 사람아 무론 누구든지 네가 핑계치 못할 것은 남을 판단하는 것으로 네가 너를 정죄함이니 판단하는 네가 같은 일을 행함이니라"(롬 2:1) 이제는 돌탕교인을 더욱 사랑하세요. 그리고 그 곁에 계셔만 주세요. 놀라운 은혜를 피차 체험하게 될 것입니다.

유행/성형수술/절제

'광우병'과 '광인병'

단일민족, 혹은 백의민족이라 그럴까요? 우리나라 사람들은 유행에 너무나 민감한 것 같습니다. 그래서 1970~1980년대는 보양식품에 대한 열풍이 불었었고, 1990년대에는 다이어트의 폭풍이 민족적으로 지나갔던 것을 기억합니다.

그러면 새 천년이 시작되면서 전국민적으로 부각되어 너도 나도 돈을 들고 달려가고 있는 곳은 어디일까요? 아마도 성형수술 하는 곳이라 확신합니다. 턱은 깎고 코는 올리며, 입술은 부풀리고 눈을 찢기에 돈을 아끼지 않습니다. 그래서 요새는 태어나는 아기도 엄마를 알아 보지 못하며, 심지어 엄마도 자기 아기를 알아 보지 못하는 시대가 되고 있다고 합니다.

일반인 뿐 아닙니다. 이 성형수술의 열풍은 고등학교의 담을 넘어간지 이미 오래되었다고 합니다. 그래서 남자 고등학생은 '원빈' 처럼 되고자, 여자 고등학생들은 '전지현' 처럼 되고자 자기 얼굴을 뜯어 고치는데 정신들이 없습니다. 그래서 방학이 끝나서 개학 때가 되면 선생님들이 자기 반 학생들을 알아 보지 못하는 희한한 세상이 되어 가고 있습니다.

 그런데 이런 성형수술을 못하는 젊은이들은 어떻게 하고 있을까요? 꿩대신 닭이라고 화장으로 대신하는데 얼마나 화장을 진하게 하는지, 이건 화장이 아니라 변장을 하고 다니고 있지 않습니까? 그래서 어느 신혼부부가 첫날밤을 맞이하게 되었답니다. 제가 여담삼아 질문을 하나 드리겠는데 "신혼부부가 제일 좋아하는 곤충이 무엇인지 아시는지요?" 잘 모르시겠다고요? 대답해 드리죠. "잠자리입니다."

 좌우간 잠자리를 들어가기 전, 샤워를 하고 나오는 아내의 얼굴을 보고 소스라치며 놀랐다는 것이 아닙니까? 왜냐하면 욕탕에서 나오는 신부의 얼굴이 오늘 결혼한 자기 아내의 얼굴이 아닌 웬 딴 여자가 샤워실에서 나오기 때문이었답니다. 그리고 더 놀라 기절할 뻔 한 것은 아내의 몸매였습니다. 결혼 전에 늘 보았던 날씬했던 몸매는 어디론가 가버리고 어른들 말씀대로 전한다면 '도라무깡형' 몸매가 눈 앞에 전개되는 것이 아닙니까?

그 변신의 이유인즉 결혼 전에 데이트를 하러 갈 때마다, 백만 원이 넘는 맞춤속옷을 입고 나간 까닭이었다는 것입니다. 즉 '강력 올인원 속옷' 덕분에 만들어진 아름다움이었기 때문이라는 것입니다. 물론 여자의 아름다워지고자 하는 열망을 나쁜 것으로만 치부할 수는 없습니다. 그것은 본능이기도 하기 때문입니다. 그리고 요새 남자들 사이에서 농담반, 진담반으로 이야기되어지는 말, "과거는 용서할 수 있어도 못 생긴 여자는 용서할 수 없다!"라는 비속어도 애써 못 들은 척하고 싶지 않습니다.

그럼에도 불구하고 지나친 욕망은 조금 모자른 것보다 못함을 이제는 이해하고 인정해야 할 것입니다. 그리고 하나님께서 주신 그대로를 감사할 줄 알아야 합니다. 성경은 네 은혜가 네게 족하다고 말씀하기 때문입니다. 그러므로 내게 없는 것만 보고 안타까워하는 것은 기독여성의 진정한 여유로움이 아닙니다. 도리어 다른 여성에게는 없고, 내게만 있는 것을 발견하여 개발할 줄 아는 지혜로움이 현숙한 여인이 되는 지름길일 것입니다.

동시에 자매 혹은 아내에게 없는 것을 늘 먼저 보며, 비교와 불평하는 형제나 남편이 되지 말고, 자신의 배우자에게만 있는 좋은 점을 먼저 끄집어내어 칭찬하며 격려하는 삶이 필요한 시대입니다. 왜냐하면 우리 부부들은 단거리 선수가 아니라 장거리, 아니 마라톤 선수들처럼 오래 같이 달려갈 동역자이기 때문입니다.

이 말씀을 귀담아 듣지 않는 사람들은 결국 자신을 절제하지 못하여 '광우병'이 아니라 '광인병'에 걸리게 될 수도 있습니다. 아니, 이미 걸려 있을 줄도 모르겠습니다. 이 말씀을 자신을 다시 한 번 조명해 보는 좋은 거울로 삼는 지혜로움이 계셨으면 합니다.

> 세속화/편견

'썰렁맨'과 '감동맨'

비기독청년들, 아니 "예비 기독청년들"이라고 말하고 싶습니다. 왜냐하면 그들 중에도 하나님께서 영생을 주시고자 작정한 청년들은 하나님의 때가 이르면 기독청년이 될 것이기 때문입니다(행 13:48). 그런데 그 예비 기독청년들이 기독청년을 향하여 가지고 있는 편견이 있다면 무엇이겠습니까?

아마도 이런 편견일 수 있습니다. 이는 "교회 다니는 그 녀석은 모든 스포츠를 거부하는 녀석, 또한 최근에 유행하는 모든 음악을 거부하며, '치킨 런' 같은 영화나 만화영화 외에는 어떤 영화도 사탄의 역사로 보는 이상한 녀석, 그리고 여름 티셔츠를 입을 때에도 맨 윗 단추까지 꼭 채워 입으며, 강의 쉬는 시간에는 어김없이 성경책을 꺼내 읽다가 묵상기도만 하는 이상한 녀석이야!"라고 말한다면, 그 편견의 이유는 두 가지일 것입니다.

첫째는 그 기독청년을 위한, 모든 이들이 인정하고 있는 좋은 면은 무시해 버리고, 비난을 위한 비난만 퍼부어대는 것일 수 있습니다. 반면에 둘째로, 정말 외계에서 온 사람처럼 전혀 비기독 청년들과 어울릴 수 없는 성품을 가진 기독청년일 수 있습니다. 만일 후자의 기독청년이라면 그는 늘 분위기에 찬물을 쏟아 버리는 '썰렁맨'으로서, 도리어 복음전파를 방해하는 교인이 될 수도 있을 것입니다.

 물론 예수님께서는 우리들에게 세속 속에 살면서 세속화되지 말아야 할 것을 권면하셨습니다. 그래서 "세속 속의 거룩성"이 있어야 함을 강조하셨습니다. 그러나 동시에 교회 안 뿐 아니라, 교회 밖 세상에서 빛과 소금이 되어야 할 것을 강조하셨습니다. 즉 "세속 속의 적응성"이 있어야 한다는 말씀인 것입니다.

 이것이 없을 때, 마치 예수님의 삶을 보고 비난하던 율법주의자들의 신앙을 전수받는 우매한 청년이 될 수 있습니다. 즉 "인자(예수님)는 와서 먹고 마시매 말하기를 보라 먹기를 탐하고 포도주를 즐기는 사람이요 세리와 죄인의 친구로다"(마 11:19)라고 비난하던 사람과 다를 바가 어디 있겠습니까?

 우리 예수님은 결코 '썰렁맨'이 아니셨습니다. 그분은 틈만 나시면 어린 아이들과 같이 지내는 것을 즐겨하셨습니다. 또한 그 당시 죄인으로 정죄받던 세리와 창녀, 그리고 귀신 들린 자들과 함께하시기를 주저하지 않으셨습니다. 그리고 여러 잔치집에 참석하여 비기독교인들과 같이 이야기하시며, 심지어 유머감각이 있는 말씀을 자주하셨던 분이 바로 예수님이셨습니다.

허나 우리들은 평소에 늘 근엄한 주님의 초상화만 보아 왔기 때문에 예수님께서 유머를 즐겨하셨다는 말에 고개를 갸우뚱 할 수 있을 것입니다. 그러나 그 당시 유대인들이 즐겨 사용하던 유머 기법은 과장법이었는데, 주님께서는 대화하실 때에 유대인들이 자주 사용하던 그 과장법 사용하기를 주저하지 않으셨습니다.

그래서 종교적인 위선자인 유대인들을 향하여, "다른 사람들의 눈에 있는 티에 대하여는 염려하고 말하면서도, 정작 자기 눈에 있는 들보는 보지 못하거나 무시해 버리는 사람"이라고 말씀하시므로 장내 사람들을 웃음의 바다로 이끌어 가셨습니다. 또한 지독한 선민의식이 복어의 배처럼 잔뜩 부풀어 있던 유대교 부자들이 천국에 들어가는 것이 참으로 어렵다는 것을 말씀하시고자 할 때 어떤 과장법을 사용하셨습니까? 주님은 "그런 양반들이 천국 가는 것은 마치 낙타가 바늘 귀로 들어가는 것보다 더 어려울 것이야!"라고 말씀하시므로 아마도 그 말씀을 듣고 있던 사람들에게 잔잔한 미소를 선물로 주시며, 동시에 "그 예수, 꽤 유머감각을 가지고 있네?!"라는 이야기를 들었을 것입니다.

성경을 자세히 읽어 보면 주님의 딱딱하고 경직된 모습을 찾아보기 심히 어렵다는 것을 쉽게 발견할 수 있습니다. 오히려 주님께서 자신을 표현하실 때에 "내 멍에는 쉽고 내 짐은 가볍다."(마 11:30)고 말씀하시므로 아주 가까운 친구처럼 대할 것을 말씀하시기도 하셨습니다. 그러므로 예수님을 제대로 믿는 기독청년들이라면 교회 밖 공동체에서 시간이 지나면 지날수록 거룩성 뿐 아니라 적응성을 동시에 나타내 보일 수 있을 것입니다.

그리고 그 결과는 '썰렁맨'이 아니요, 그리스도의 향기요. 편지로서 예비 기독교인들 가운데서 '감동맨'이 될 수 있는 것입니다. 그래서 "야, 내가 만일 종교를 갖게 된다면 네가 믿는 하나님을 믿을 것이며, 혹 내가 교회를 다니게 된다면 자네가 출석하는 교회를 가고 싶다, 진심이야…"라는 말을 듣게 될 것입니다.

 대표기도/훈련

좋은 대표기도자는 훈련으로 만들어집니다.

우리 교회에 참으로 아름다운 부부가 있습니다. 내외분이 늘 새벽기도회에 참석하는 부부이십니다. 그러나 그 여집사님의 남편은 얼마 전까지만 해도 기도회 참석을 권유하는 아내에게 이렇게 이야기하였다고 합니다.

"여보, 참으로 많은 사람들이 하나님께 기도를 하지 않소? 그러니 하나님께서 얼마나 바쁘시겠소? 나만이라도 그 바쁘신 어르신을 생각해 드려야 할 것 아니겠소?"라고 말입니다. 이는 마치 어느 모자 간의 이런 대화와도 같습니다.

"엄마, 주일학교 전도사님이 기도해야 한다고 하는데 기도가 무엇인가요?" 그러자 그 아이의 엄마는 "응, 기도란 하늘에 계신 하나님께 보내는 음성 메시지와 같은 것이란다. 이제 이해가 되니?"라고 대답을 하였습니다. 그러자 그녀의 어린 아들의 대답이 걸작이었습니다. "메시지? 엄마, 그럼 밤 12시 넘어서 기도하면 요금이 심야요금으로 계산되어 더 싸지겠네? 그치?"라고 말입니다.

이는 마치 늘 주일 오전예배만 참석하는 교인에게 저녁예배나 심야기도회도 참석하는 것이 경건에 유익하다고 말씀을 드리자 "아니에요, 목사님! 만일 제가 저녁예배에 출석하면 하나님께서 '아니, 너도 저녁예배에?!' 라며 놀라 기절하실 것이 분명하기에 참석하지 않는 것이 하나님을 위한 것이죠!"라는 어느 교인의 애교 섞인 이야기와도 같습니다.

그래서 주님께서는 제자들의 기도에 대한 궁금증과 오해를 바로 잡아 주기 위해 그 유명한 주기도를 알려 주셨습니다. 그 주기도는 경배, 간구, 그리고 송영으로 구성되어 있습니다. 경배부분에는 하나님을 향한 찬송과 경외의 내용이 담겨져 있습니다. 그리고 간구 부분에는 7가지의 간구의 내용으로 구성되어 있으며 송영 부분에는 기도를 들어 주시고, 들어 주실 하나님을 향한 감사의 내용이 담겨져 있습니다.

주님께서 주기도를 알려 주신 것을 볼 때, 좋은 기도자가 된다는 것은 천성적인 은사가 아니라 훈련으로 만들어진다는 것을 알 수 있습니다. 특히 대표기도는 더욱 그러합니다. 그래서 몇 가지 대표기도의 객관적인 기준을 말씀 드리는 것이 경건훈련에 도움이 될 것 같습니다.

1. "내가 믿는 예수님의 이름으로 기도합니다"보다는 "우리가 믿는…"이라고 기도하는 것이 더 좋습니다.
2. "제가 알기로는…"이라기 보다는 "하나님께서 아실 줄로 믿고 감사 드립니다."라고 하는 것이 더 좋습니다.
3. "하나님, 당신께서 우리에게…"라고 하기 보다는 "하나님 아버지 우리에게…"라고 하는 것이 더 좋습니다.
4. 교인들이 공감할 수 있는 기도 내용으로 해야 할 것입니다.
5. 교인들이 눈감고 대표기도자의 기도에 동참할 수 있는 시간은 약 5분 정도라는 것을 인식하고 준비해야 할 것입니다. 물론 15분 씩이나 기도하신 분도 짧게 할 것을 권면하면 3~4분 밖에 기도 안했다고 우겨대는 데는 별 도리가 없지만 말입니다.
6. '설교식 기도' 혹은 '공격형 기도'의 습관을 피해야 할 것입니다.
7. 목사님이 설교를 위하여 준비하듯이, 대표기도자는 대표기도를 하기 위하여 준비한 흔적이 분명해야 할 것입니다.

8. 교역자를 위하여 기도하는 것은 교회 뿐 아니라, 기도하는 분과 모든 성도들에게 결국 유익임을 기억하며 기도해야 할 것입니다.

이렇게 훈련된 대표기도자가 되어야 할 것은 교인들을 대표하여 드리는 기도이기 때문이요, 가랑비에 온 몸이 젖듯이 교인들은 은연 중에 그 대표기도자의 기도 형식과 내용을 닮아가기 때문입니다. 이제 더욱더 좋은 영향력이 있는 대표기도자로 거듭나기를 사모하여야 합니다.

 노년/공경

"노인 씽씽! 노인 만세! 할렐루야!"

만일 성도님께서 이쯤 되시면, 교회에서 실시하는 '늘푸른 공동체' (일명 노인대학)에 관심을 보여야 하는 연세가 되기 시작한 것입니다.

@ 과거에는 거리에서 지나가던 사람과 얼굴을 마주치면 먼저 그의 눈을 뚫어지게 쳐다보았습니다. 그러나 지금은 하늘이나 땅을 쳐다보며 걷는데 특히 십대 학생이면 절대로 쳐다보지 않습니까?

@ 과거에는 식사자리에서 군대시절 고생하던 이야기를 즐겨했습니다. 그러나 지금은 피난가다가 죽도록 고생한 이야기를 자동 녹음한 것 같이 되풀이 하십니까?

@ 과거에는 시내버스나 전철에서 할 수 있거든 잘 생긴 분 옆에 앉으려고 하였습니다. 그러나 지금은 승객의 관상을 면밀히 보고, 빨리 내릴 것 같은 사람 앞에 서 있기를 좋아하십니까? 그리고 대강은 그 예측이 맞아 떨어져 생각보다 빨리 좌석에 앉고 나면 기분이 좋습니까?

　@ 과거에는 배 나오는 것을 두려워하며 걱정하였습니다. 그러나 지금은 배가 자꾸 처지는 것을 보며, 자주 치켜 올려 보면서 한숨을 쉬게 되었습니까?

　@ 과거에는 오라고 하는 데는 없어도 집을 나서면 갈 곳이 많이 있었습니다. 그러나 지금은 오라는 데도 없지만 집을 나서 봐야 갈 때도 그리 마땅치 않아 백화점 앞이나 공원벤치에서 지나가는 사람들을 물끄러미 바라보는 노인들을 이해하시기 시작하셨습니까?

　그렇다면 어서 속히 '늘푸른 공동체'에 등록하는 것이 삶의 활력과 보람을 찾으시는 또 한 가지의 방법일 것입니다. 왜냐하면 이제 노년이 되시므로 다가오고 있는 다음과 같은 삶의 원수들을 신앙 공동체 안에서 물리칠 수 있기 때문입니다.

즉 즐거움 상실, 행동적 과다 의심, 지나친 죄의식, 행동적 결핍(공동체 생활에 대한 회피의식), 신체적 증상의 부정적 변화인 불면, 식욕부진, 두통, 그리고 인지적 현상인 자존심 하락, 자기비하, 절망감 등으로 인하여 오는 우울증이라는 원수를 조금이라도 빨리 무찌르기 위한 여러 치료방법 중, 최상의 방법이 바로 교회 어르신 공동체에서 동류하는 것입니다.

왜냐하면 하나님은 교회를 사랑하시고, 또한 교회를 출입하는 성도들을 눈동자같이 보호하실 것이라고 언약하셨기 때문입니다. 늘푸른 공동체에 참석하는 어르신늘은 순수하고 평화스러우며, 동시에 그 어느 누구라도 고향처럼 찾고 싶고, 의지하고 싶은 노년의 성품을 만들어 가시기를 기도 드립니다. 그래서 "노인 씽씽! 노인 만세! 할렐루야!"가 우리 교회 어르신들의 신바람 구호가 되었으면 합니다.

그리고 하나님의 교회는 새벽 이슬같은 청년들에게 관심을 기울이는 것만큼, 더욱 소외되기 쉬운 어르신들에게도 눈길을 돌려야 할 것입니다. 그 이유는 그 무엇보다도 성경이 이같이 말씀하고 있기 때문입니다. "너는 센 머리 앞에 일어서고 노인의 얼굴을 공경하며 네 하나님을 경외하라 나는 여호와니라" (레 19:32)

 핸드폰/예절

'핸드폰'과 '사탄폰'

예배 및 기도회 시간에 핸드폰 벨소리가 공해가 된지도 참으로 오래되었습니다. 그럼에도 불구하고 여전히 그 벨소리로 인해 웃지 못할 일들이 각 교회에서 일어나고 있음은 참으로 안타까운 일입니다. 본당 입구에 "핸드폰을 끄고 예배 드리는 것은 성도의 예의입니다."라는 푯말을 분명히 걸어 놓았지만 말입니다.

항간에는 핸드폰도 하나님께서 사람을 통하여 만드신 창조물이라며 이런 이야기까지 떠돌고 있습니다. "하나님께서 태초에 천지를 창조하셨습니다. 그리고 여덟 번째 날에 핸드폰을 창조하셨습니다. 그리고 아주 기뻐하셨습니다. 그리고 핸드폰 뒤쪽에 배터리를 붙여 놓으시고 전원을 들어오게 하셨습니다.

그리고 참 많은 양의 정보를 주시며, 수십 개의 이름을 저장하도록 하셨습니다. 하나님께서는 그 액정화면에 '너는 내 것이니 두려워 말라!' 는 문자를 적어 놓으시고 매우 만족해 하셨습니다. 그리고 하나님께서는 '다른 것들은 다 허락되지만 동산 중앙에 있는 정보를 알게 하는 업그레이드 나무는 접속해서는 안된다. 접속하는 날에는 정녕 죽으리라' 고 말씀하셨습니다."라고 말입니다.

그런데 예배 때 뿐만 아니라, 성경공부 모임이나 회의에 참석하여 예의없이 핸드폰을 사용하므로 적지 않은 이들에게 실망감과, 때로는 "저 분 교인 맞어?"라는 의문을 주는 이들도 있습니다. 그런 교인들 중에는 '중계방송형' 교인이 있습니다. 핸드폰을 받은 즉시 현장중계를 합니다. 즉 "응, 여기 전도회 월례회로 모였어, 8~9명 정도 모였는데 지난 번 월례회 모임 때보다는 적은 인원이지… 응, 장소는 교육관 이층인데 왜 전화했지?"라고 중계하는 교인이 있습니다.

또한 '자동응답형' 교인이 있습니다. 즉 빨리 통화를 끝내고 회의 진행을 계속해야 하는데 통화의 대부분을 전화 건 사람의 말을 되풀이 하는데 사용하는 답답한 교인입니다. "뭐, 동생이 늦게 들어 왔다고? 그래서 혼을 내 주었다고? 세 대나 때려 주었다고?

잘했냐고? 그래, 잘했어! 이젠 숙제시작하라! 어허, 착한 내 새끼…." 이런 교인들은 아마도 TV 연속극에서 전화를 받는 장면을 많이 본 결과 생기는 습관이라고 생각됩니다.

특히 참으로 대책 없는 교인들이 있습니다. 그것은 '고성방가형' 교인입니다. 평소에 그리 크지 않은 목소리로 이야기하던 교인입니다. 그러나 핸드폰이 걸려 오면 갑자기 목소리가 커지는 교인이 회의 시간에 전화를 받으면 이건 난리입니다. 왜냐하면 "여보세요? 여보쎄요? 엽쎄여?" 하며 몇 번씩이나 소리를 쳐 대니 당연히 회의와 대화는 중단되고 맙니다.

그리고 큰 소리로 할 말, 못할 말 다 하다가 엄청난 폭소를 터뜨리면서도 결코 그 회의하는 방을 떠나지 않고 소리치는 데는 정말로 무대책입니다. 그래도 진동으로 해 놓았다가 통화가 되므로 그 자리에 앉아서, 하염없이 작은 소리로 재잘거리는 '호기심 자극형' 보다는 낫다고 해 줄 수 있을까요?

우리들은 하나님의 자녀입니다. 그러므로 핸드폰 사용하는 일에도 우리들 나름대로의 왕도가 있어야 합니다. 즉 예배 및 회의에 들어갈 때에는 반드시 핸드폰을 끄거나, 진동으로 하는 예의를 지켜야 합니다. 그러나 깜박 잊고 들어갔는데, 혹 전화가 걸려 왔을 때에는 재빨리 그 장소를 빠져 나와 통화를 해야 할 것입니다. 그리고 통화 후, 다시 들어와서는 자기 원래의 자리로 가서 앉기 보다는 예배와 회의에 방해되지 않는 곳에 앉아 동참하는 예의가 기본일 것입니다.

이제는 예배 중, 몇 번이나 벨이 울려도 자기 핸드폰 소리인 줄 모르고 짜증스러운 표정으로 다른 교인들을 두리번거리는 교인들이 없었으면 합니다. 왜냐하면 '핸드폰'이 설교를 방해하는 '사탄폰'이 될 수 있기 때문입니다. 저의 이 마음을 만일 성도님이 설교사가 되어 보신다면 온전히 이해하실 것 같은데 말입니다.

전화 통화/예의

"아니, 잠깐만요. 30초면 되는 데요?"

저는 가끔 난처함과 당황함이 뒤섞인 심정으로 전화를 받을 때가 있습니다. 그 이유는 상대방이 자신을 먼저 밝히지 않는 전화 때문입니다. 즉 전화를 해서 첫 마디가 "접니다!"라고 말하는 교인입니다. 제가 순간 당황하여 "예?"라고 대답하면, 그 때라도 자신을 밝혀야 하는데 연속적으로 하시는 말씀, "목사님, 접니다!" 혹 전화기를 접으라는 말씀이신지요?

그런 전화는 그래도 양호한 편에 듭니다. 전화를 해서 첫 마디가 "목사님, 제가 누구인지 아시죠?"라고 하거나, "아마도 제가 누구인지 모르실 거예요, 교인들이 그렇게 많은데 말이에요?", 특히 "예, 이름은 밝힐 수 없고 다만 제2교회 교인입니다! 그런데…."라며 다그칠 때는 정말 진땀이 나기 시작합니다.

그러나 제일 황당스러운 전화는 수화기를 들자마자, "목사님, 제가 누구인지 알아 맞혀 보시지요?"라는 전화였습니다. 아마도 그 교인은 퀴즈열차, 혹은 주부 퀴즈프로를 자주 시청하시는 교인일 가능성이 많을 것 같습니다. 한 소설가의 말씀처럼 전화는 "현대인의 탯줄"입니다. 탯줄이 어린 태아의 생명이듯이, 전화는 현대교인들 간의 신앙적 교제를 위한 필수적인 도구라는 것을 부인할 수 없을 것입니다.

그러므로 저에게 뿐 아니라, 그 어느 교인에게 전화를 할 때에도 기본적인 예의가 있어야 합니다. 그 첫째는 전화를 하는 시간대입니다. 물론 예외가 있습니다. 그럼에도 불구하고 거의 모든 식구들이 잠들기 시작한 밤 11시 이후에 전화를 하는 분은 자신이 하나님의 왕자요 왕비이기를 포기하는 것과 같습니다. 저희 부부는 그 어느 날 새벽 2시에 걸려 온 전화를 받으며 불길한 예감을 감출 수 없었습니다. 그러나 그 전화의 내용은 이러하였습니다. "목사님 맞죠? 제가 지금 상담할 일이 있으니 우리 집으로 심방오시면 좋겠습니다. 목사님은 교인이 부르면 오셔야 하는 것이 맞죠?" 물론 그날 새벽기도회는 망치고 말았습니다.

둘째는 전화가 통화된 직후에는 반드시 자신의 신분을 먼저 밝혀야 할 것입니다. 즉 "저는 김영주 집사입니다. 안녕하세요?"라고 말입니다.

셋째는 "지금 통화가 가능하신지요?"라며 상대방의 사정을 반드시 물어 보고 허락하면 통화를 해야 할 것입니다. 그리고 그분께서 지금은 가정예배 중이므로 전화를 받을 수 없으니 약 30분 후에 전화 통화를 다시 해 달라는 요청이 있으면 정중하게 통화를 끊어야지 혹 "아니, 잠깐만요. 30초면 되는 데요!"라고 말하는 것은 무례한 행위인 것입니다.

넷째는 TV나 라디오의 소리, 또는 음악을 크게 틀고 있다가 통화가 되었으면 그것들의 볼륨을 작게 하고 통화해야 합니다. 그 까닭은 상대방에게 다른 것을 듣고 보면서 전화를 하는 것같은 오해를 불러 일으킬 수 있기 때문입니다.

마지막으로는 전화 통화의 길이입니다. 저는 전화를 추운 겨울에 약 4시간 동안 받아 본 기억이 있습니다. 그것도 냉기가 도는 바닥에서 말입니다. 그리고 감기에 걸린 것은 특별한 사건이 아닐 것입니다.

"사랑은… 무례히 행치 아니하며 자기의 유익을 구치 아니하며…"(고전 13:4-7)라는 하나님의 말씀은 연애편지를 쓸 때만 인용할 내용은 아닙니다. 하나님의 자녀로서 전화 통화를 할 때에도 선택과목이 아니라, 필수과목과 같은 성구인 것입니다.

 습관/설교

"저는 잠자기 전에
꼭 화장실을 다녀오기 때문에…."

 목사님들의 설교를 지루해 하는 것은 신, 불신을 막론하고 마찬가지인 보양입니다.

소천하신 어느 교인의 하관예배가 진행되고 있었습니다. 그런데 공동묘지 관리인들 중에 다른 교회 목사님들보다 너무나 오래 설교하는 그 목사님에 대하여 더 이상 참지 못한 어느 관리인이 예배 드리는 곳으로 다가왔습니다. 그리고 그 하관예배에 동참하고 있는 한 여집사님에게 퉁명스럽게 말을 던졌습니다.

"아니, 저 목사는 언제까지 설교할 것입니까? 아니, 우리들은 이 곳 작업을 빨리 마치고 다른 곳으로 가야 할 사람들인데 말입니다. 쏘주와 안주도 준비하지 않은 교회 목사가 너무 설교가 길어요!" 그러자 여집사님은 상냥하고 예의바른 목소리로 "아저씨,

그렇게 말씀하지 마시시고 가까이 오셔서 들어 보세요. 참으로 은혜가 됩니다."라고 대답을 하였습니다.

 너무나 밝은 표정으로 대답해 주는 그 여집사님의 말에, 그 관리인은 결국 고개숙인 남자가 되고 말았습니다. 그러자 그 여집사님은 연타석 안타를 치고 싶어, 그 인부에게 이런 말씀을 추가로 드렸습니다. "아저씨, 아저씨는 그리스도인들의 죽음을 많이 보아 오셨잖아요? 이제는 우리 목사님이 지금 말씀하고 계시는 예수님의 재림을 믿고 준비하셔야 합니다."

 그러자 그 인부가 퉁명스럽게 한 말이 있었는데, 그 말에 여집사님께서는 아무런 대답도 하지 못하였다는 것입니다. "아 믿다마다요! 그러나 당신 교회 목사가 저 관 속에 있는 고인을 그 예수 재림 전까지 묻을 수 있게 해 줄까 염려가 되어서 하는 말이지요!" 물론 참지 못하는 그 인부도 주책이지만, 하관예배 설교를 30분 이상 하시는 목사님도 주책은 주책입니다. 하기야 '주책목사'란 "주님이 책임지시는 목사"라고 해석한다면 더 이상 할 말은 없지만 말입니다.

 불신자 뿐 아닙니다. 교인들 중에도 설교에 대한 기피증이 있는 교인들이 그리 적지는 않을 것 같습니다. 어느 교회에서 찬양대가 찬양을 마친 후, 목사님이 설교를 시작하려고 하면 꼭 급히 나가는 남자 교인이 있었다고 합니다. 그런데 교인들을 안내하기 위하여 본당 안내석에 계시면서 늘 그 남성도가 어디를 가는지 궁금하였던 부목사님이 계셨습니다. 그 주일도 "혹시나" 하고, 그 남성도가 나올까 생각하고 있었는데 아니나 다를까 "역시나" 나오는 것이었습니다.

그 습관이 너무나 궁금하여 예배 후, 퇴장하는 그 남자 성도를 붙들고 부목사님이 이렇게 질문하였다고 합니다. "성도님께서는 목사님의 설교가 시작되면 꼭 퇴장하셔서 어디를 다녀오시는 것 같은데, 대체 어디를 다녀 오시는지요?" 그러자 그 성도는 겸연쩍은 표정으로 대답하기를 "아, 예! 부목사님, 화장실을 다녀옵니다. 무슨 특별한 병이 있어서가 아니라 저는 잠자기 전에는 꼬~옥 화장실을 다녀오는 습관이 있어서 그러는 것 뿐인데, 뭐 잘못되었나요?"라고 하였다는 것입니다.

정말 허참 씨가 들어도 "허 차암!" 할 만하지 않습니까? 물론 설교를 준비하시는 목사님들은 성경적이면서도, 성도들의 삶에 실제적으로 적용할 만한 설교를 준비하는 것이 중요합니다. 그러나 동시에 오늘 설교를 듣다가 은혜와 축복을 받아야겠다는 성도로서의 준비도 필요할 것입니다.

아무리 사도 바울같은 명설교가인 목사님께서 설교를 선포하신다 해도 준비된 교인이 아니면 삼층 누에서 떨어져 죽은 '유두고' 신세를 벗어날 수 없을 것입니다. "유두고라 하는 청년이 창에 걸터 앉았다가 깊이 졸더니 바울이 강론하기를 더 오래 하매 졸음을 이기지 못하여 삼층 누에서 떨어지거늘 일으켜 보니 죽었는지라"(행 20:9)

성도님은 설교자를 위하여 얼마나 기도하고 계시는지요? 그리고 주일설교를 잘 듣기 위한 목적으로 토요일 밤에 일찍 주무셨던 기억이 계시는지요? 손바닥도 마주쳐야 소리가 나는 법입니다.

> 선거/회개/제비뽑기

'갈비장로' 그리고 '냉면권사'

한국장로교회는 전통적으로 장로와 권사를 교인들의 투표로 피택하고 있습니다. 그래서 일부 교회에서는 장로 및 권사투표가 있기 전에 이상한 일들이 벌어지게 되고 결국 갈비장로, 또는 냉면권사들이 만들어지고 있다고 합니다. 갈비장로, 냉면권사가 무슨 뜻인지 아직도 잘 모르겠다면 아마도 저처럼 지능지수가 두 자리 수가 아닐까 추측해 봅니다.

그런데 서울 영락교회(담임목사 이철신)에서는 2001년 부활절을 앞두고 교회 내부에서 발생한 문제에 대하여 회개하는 21일간의 새벽기도회를 개최하여 교계 안팎에 신선한 충격을 주었습니다. 영락교회는 3월 26일부터 부활절인 4월 15일까지 매일 새벽 6시에 '회개와 영적 회복을 위한 전교인 기도회'를 개최하였습니다. 그 기도회는 3월에 열린 교회내 장로, 안수집사 선거가 향응제공 등의 물의를 일으키면서 시작되었습니다.

즉 영락교회는 지난 3월 11일에 장로 12명, 안수집사 24명을 뽑는 2차 선거를 열려고 했으나, 개표 도중 일부 후보들이 선거운동 기간 식사대접 등 향응을 베풀어 물의를 빚은데 대한 논란이 일어나 격론이 벌어지자 선거를 중단하였으며, 담임목사는 결국 선거 무효를 선언하게 되었던 것이었습니다.

그래서 영락교회는 이같은 세속화된 모습을 회개하고 영적인 순수성과 믿음을 회복하며, 나라와 교회를 위한 21일간 다니엘의 새벽기도회를 갖기로 결정하였습니다. 그 기도회는 매일 약 1,500여 명이 참석하는 큰 모임이 되었습니다. 그 기도회가 너무나 귀한 모임이었던 까닭은 현대 교회가 교회 내부의 문제에 대하여 솔직히 반성하는 기도회를 개최하는 일이 그리 흔하지 않았기 때문입니다.

그 결과 극한 대치상황으로 내몰리게 될 뻔하였던 교회는 안정을 되찾기 시작하였습니다. 교회를 흔드는 악한 여우, 사탄의 역사는 물러가고 말았고, 다시 하나되게 하시는 성령의 역사가 이슬비처럼 임재하는 은총을 체험하게 된 것입니다.

잘못된 것을 하나님과 교회 앞에 회개하는 모습은 순수하고 아름다운 것입니다. 그리고 회개한 흔적이 분명한 교인을 다시 얼싸 안고 품어 주는 사랑이 있는 곳이 바로 교회 공동체일 것입니다. 이런 영락교회의 모습을 아버지 하나님께서 얼마나 기뻐하실까 생각하면 그런 모습이 한국교회를 향한 긍정적인 면에서의 염병이 되기를 소원해 봅니다.

그러나 만일 한 번 해병은 영원한 해병이듯이, 과거 한 번 실수하였으나 회개한 흔적이 분명한 교인을 영원히 이방인처럼 취급하는 교회는 교회가 아닐 것입니다. 또한 그런 교인은 성도가 아닐 것입니다. 즉 몇 년 전 일이 아니라, 수십 년이 지난 그 교인의 과거도, 그가 자기보다 좋은 직분이나 많은 칭찬을 받게 되면 "아니, 옛날 그 때 그런 일을 했던 교인에게 그런 직분을 맡겨도 되는 거냐?"고 침을 튀기며 비난하는 교인들이 바로 성도님이 다니고 있는 교회 현실입니까?

빨리 회개기도를 하지 아니하면 자신이 비판하고 있는 그 교인의 일을 자신이나, 자기 자녀들이 결국 똑같이 행할 수 있음을 성경은 예언하고 있음을 명심해야 할 것입니다. "그러므로 남을 판단하는 사람아 무론 누구든지 네가 핑계치 못할 것은 남을 판단하는 것으로 네가 너를 정죄함이니 판단하는 네가 같은 일을 행

함이니라"(롬 2:1)

그러므로 교인 서로에게 이런 아픔이 없도록 하기 위하여 요새 교회 및 총회 내에서 '제비뽑기 선거'를 주장하는 이들이 설득력을 가지는 것 같습니다. 저의 동창 중에 박광재 목사님이 계십니다. 그분은 총회 및 교회선거를 성경이 말씀하시는 대로 "제비뽑기로 해야 한다."(행 1:23-26)는 주장에 몸을 던진 목사님이십니다. 어느 월요일에 그분 교회를 방문하였더니 강대상 앞면에 이런 표어가 부착되어 있었습니다. "오직 믿음, 오직 말씀, 오직 은혜, 오직 제비!"

만일 한국교회가 이제라도 "오직 제비뽑기"를 교회와 총회선거 때 실시한다면 갈비장로, 냉면권사들이 사라지게 될 것입니다. 그리고 총회 및 교회선거로 인한 많은 아픔이 치유될 것이 확실합니다. 그 박목사님이 시무하시는 교회의 강대상이 다시 생각나는 밤입니다. 〈오직 제비!〉

 과거/자부심

"개조심씨, 계십니까?"

우리나라에 선교사들이 들어오기 시작하던 한국 초대교회의 야화를 들어보면 실소, 혹은 폭소를 자아내는 이야기들이 있습니다. 어느 날 선교사님께서 전도하던 사람에게 선물로 '초'를 주셨다는 것입니다. 그 당시 가래떡을 즐겨 드셨던 우리네 서민들은 그 선교사님이 주신 초를 가래떡으로 착각을 하셨던 모양입니다.

그래서 그 초를 씹어 먹으려 하니 너무나 딱딱하여 나름대로 생각해낸 조리방법이 있었으니, 가마솥에 집어 넣어 끓여서 먹고자 하였다는 것입니다. 그 결과는 말씀 드리나 마나 아닐까요? 그런 한때의 무지의 극치와 같은 이야기를 해맑은 웃음으로 들을 수 있음은 지금의 우리네 삶이 여유로워졌기 때문일 것입니다.

또한 우리나라 초대교회 시절에 이런 일도 있었다고 합니다. 겨우 한글의 초보단계를 습득하였고, 또한 한국의 문화를 제대로 파악하지 못하고 있던 어느 선교사님이 축호전도를 나가게 되셨다고 합니다. 어느 집을 들어가려고 하니, 이런 글씨가 대문에 붙어 있더라는 것입니다. "개조심"

그 선교사님은 그 집 대문의 글씨를 다시 한 번 외우듯 쳐다본 후에 그 댁으로 들어가 이렇게 소리를 치셨다는 것입니다. "개조심씨, 계십니까? 여보세요. 개조심씨, 계셔요?" 또한 교인들이 어느 정도 양육되어 세례를 주었고, 때가 되어 성찬식을 거행하려고 하였는데 그 당시 포도주 구하기가 그리 쉽지 않았던 모양입니다. 그래서 궁리하다 못해 포도주 대신에 막걸리로 성찬을 대신하였다고 하니 참으로 가관이었을 것 같습니다.

왜냐구요? 그 당시에 지금과 같은 성찬용 포도주 잔이 있었겠습니까? 아마도 막걸리 잔으로 분잔하였다면 그 막걸리를 들이마신 후, "커~어!" 하는 소리가 교회 안의 여기저기서 터져 나왔을 것입니다. 혹은 턱수염에 묻은 막걸리를 왼손으로 털어내는 교인들, 양이 너무 적어 입맛을 쩝쩝 다셨을 교인들, 그러나 일부 여성도들에게는 참으로 물고문 당하는 것같은 시간이 바로 성찬식이 아니였을까 상상해 봅니다.

이런 추측과 상상을 하며 내심 폭소를 터뜨릴 수 있는 것도 지금이 그 시절보다 여유롭기 때문이 아닐까 생각합니다. 마찬가지로 지난 날보다 지금의 신앙이 더욱 깊어지고, 넓어졌으며, 높아진 교인들은 지난 날의 신앙적인 고민과 아픔의 시간들이 좋은 추억으로 간직될 수 있을 것입니다. 때로는 지난 날의 자신의 삶의 좌절과, 개가 토하였던 것을 다시 먹는 것 같았던 시절의 들추어내기 싫은 듯한 이야기를 다른 이들에게 간증하는 것도 그리 수치스럽지 않을 것입니다.

왜냐하면 지금 자신의 신앙에 대한 자만심이 아니라 자부심이 분명하기 때문입니다. 그러므로 신앙의 시제는 언제나 현재입니다. 결코 과거나 미래가 아닙니다. 좋은 현재는 나쁜 과거를 스스로 들추어 낼 수 있습니다. 그리고 자신에게 역사하셨고, 지금도 역사하시는 예수님을 소개할 수 있을 것입니다.

"나를 능하게 하신 그리스도 예수 우리 주께 내가 감사함은 나를 충성되이 여겨 내게 직분을 맡기심이니 내가 전에는 훼방자요 핍박자요 포행자이었으나 도리어 긍휼을 입은 것은 내가 믿지 아니할 때에 알지 못하고 행하였음이라 우리 주의 은혜가 그리스도 예수 안에 있는 믿음과 사랑과 함께 넘치도록 풍성하였도다"(딤전 1:12-14)

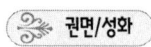 권면/성화

"월요일은 원래 마시고~"

서울에 있는 어느 교회 부흥사경회를 인도하던 마지막 날 점심식사 시간이었습니다. 마치 모세와 아론같은 그 교회 목사님, 그리고 장로님과의 식사 시간은 참으로 즐거웠고 부담이 없었습니다. 특히 그 식사를 대접하는 연로하신 유집사님은 그 음식점의 주인이었기에 더욱 포근한 대접을 받고 난 후, 교회로 돌아오는 교회 승합차 안에서의 이야기입니다.

"강사 목사님, 이 유집사님의 식당이 잘 되는 것은 정말 이해가 되지 않습니다. 왜냐하면 부부같지 않은 손님이 들어와서 음식을 주문하면 '당신들 부부 맞어?' 하질 않나, 그래도 그 집 음식이 맛이 있어 얼마 후에 그 남자가 진짜 아내와 함께 식사하러 오면 '어메, 지난 번 여자와 다르잖아? 오늘은 본부인같구먼!' 이라고 핀잔을 주는 데도 식당이 되는 것이 참으로 이상하지요.

그런데 더 웃기는 이야기는요, 이 유집사님이 분명 장로님으로 알고 있는 분이 친구들과 함께 자기 식당에 와서 식사를 하는데 술과 담배를 하자, '이제 장로가 되었으면 술, 담배 정도는 끊어야지, 이게 뭐예요?' 라고 핀잔을 주었다는 것 아닙니까? 또한 여자손님들이 술을 많이 먹으면 더 이상 주지 않고 일찍 집으로 가라고 하는 등 일반 음식점에서는 상상도 하지 못할 말씀을 솔직히 하시는 데도 손님들이 늘 찾아오고 있으니 참으로 이해할 수 없답니다!"

너무나 재미있다는 표정과 말투로 그 식당을 경영하는 집사님의 이야기를 저에게 전해 주는 그 구역의 구역장의 말을 듣던 일행들은 모두 폭소를 터뜨리고 말았습니다. 그러자 저녁 부흥집회를 참석을 위하여 우리와 같이 교회 차에 탑승하셨던 그 식당 집사님은 이런 짧은 말로 자신의 경영철학을 말하였습니다. "그래도 할 말은 해야죠!"

이제는 술 광고에 젊은 여성이 등장하여 술을 마시는 장면이 너무나 자연스러워진 세상입니다. 그리고 어느 교단 교회의 장로님들은 당회의 화목한 분위기를 만들고 유지하기 위해 맥주를 간단히 마신 후에 당회를 시작한다는 이야기도 들리는 현실입니다. 그래서 술 마시는 것을 설교 중에 지적하는 목사는 "교인들의 목을 졸라 죽이는 사람"으로 취급받는 시대가 된 듯합니다.

그래서 금주와 금연을 강조하는 목사님들을 향한 반발 심리로 교회 내의 일부 청년들이 다음과 같은 모습으로 일주일을 보낸다는 말도 있습니다. 술을 "월요일은 원래 마시고, 화요일은 화사하게 마시고, 수요일은 수수하게 마시고, 목요일은 목숨걸고 마시고, 금요일은 금주하라고 하기에 마시고, 토요일은 토하도록 마시고, 일요일은 일하기 위해 교회로 간다"는 것입니다.

그 청년들이 일요일에 교회에서 하는 일은 대개 주일학교 선생이나 성가대원, 그리고 대학, 청년부의 임원이라고 합니다. 그리고 그 자신의 교회 일이 끝나면 장년주일예배 드림도 없이, 손에서 빠져 나가는 미꾸라지처럼 예배당을 떠나는 일부 기독청년들은 그 유집사님과 같은 분이 경영하는 식당은 가지 말아야 할 것입니다.

그 장로님처럼 당황할 수밖에 없는 핀잔을 들을 수 있기 때문입니다. 그러나 목사님들도 쉽게 할 수 없는 충고를 그런 식당 어르신에게, 그리고 교회 밖에서 들을 수 있다는 것은 참으로 귀한 기회가 아닐까 하는 생각도 떨쳐 버리기 싫습니다.
"그러므로 형제들아 내가 하나님의 모든 자비하심으로 너희를 권하노니 너희 몸을 하나님이 기뻐하시는 거룩한 산 제사로 드리라 이는 너희의 드릴 영적 예배니라"(롬 12:1)

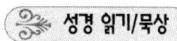 성경 읽기/묵상

덮어 놓고 믿는 분들

어느 교회 목사님께서 새로 임명된 집사님 가정을 심방하여 예배를 드리게 되었습니다. 말씀을 증거하기 위해 "이 가정을 위하여 구약성경인 요나서 1장을 다같이 찾도록 합시다!"라고 말씀하였습니다.

요나서를 찾기 위한 성경책 넘기는 소리가 각 심방대원들 속에서 나기 시작하였습니다. 성도님들 중에 요나서 찾기가 너무나 쉽다고 이야기할 분은 그리 많지 않을 것이기 때문이었습니다. 그런데 유독 그 신임 집사님만큼은 몇 번 성경책을 뒤적거리더니 제일 먼저 찾은듯 가만히 앉아 계시는 것이 아닙니까?

목사님은 흐뭇하였습니다. "저렇게 빨리 그 어려운 요나서를 먼저 찾고 기다리고 있다니? 으음… 기존집사들보다 낫구먼!" 제가 한 번 질문해 보겠습니다. 그 신임집사님이 요나서를 벌써 찾았기에 기다리고 계시는 것일까요? 아니면 구약성경 어느 부분을 적당히 펼쳐 놓고 시치미 떼고 있는 것일까요? 아마도 웃으시는 분은 한 번쯤 경험하셨던 분이실 것입니다.

저는 때때로 주일 오전예배를 인도하다가 "오늘은 계속 설교하는 것보다 신구약 성경목록가를 다같이 불러 보면서, 성경목록을 암송하게 하는 것이 더 유익할 것 같은데…."라는 생각이 문득 들 때가 있음을 부인하고 싶지는 않습니다. 그 까닭은 지난 주간 심방할 때 유난히 성경을 찾지 못하던 집사님들이 많이 계셨기 때문입니다.

구약 뿐 아닙니다. 신약의 에베소서를 결국 못 찾아 그 심방을 동행한 여전도사님이 찾아 주는 경우까지 있을 때에는 마음에 적지 않은 자책감을 느꼈기 때문입니다. 왜냐하면 그 집사님은 전도사님이 에베소서를 찾아 주시는 것을 당연한 듯한 표정으로 바라보시기 때문입니다. 즉 "지금 이렇게 어색한 침묵이 흐르게 하는 것은 바로 〈요 ~ 나 때문입니다!〉"라는 모습이 전혀 없기 때문입니다.

그래서 그런 분을 집사로 임명한 담임목사인 〈요 ~ 나 때문입니다!)라는 하나님 존전에서의 죄의식과 죄책감 때문에 때로는 "이번 주일은 설교 대신 성경목록가를 불러 볼까?"라는 충동이 있음을 고백합니다. TV 프로그램의 시간대와 연속극 이름은 너무나 잘 알고 있는 우리들, 신문의 그 수십 면 중에 어느 면에 어떤 내용의 기사가 있다는 것을 참으로 잘 알고 있는 우리들, 그러나 어찌 성경에 대하여는 그리 무지해도 창피한 마음이 들지 않는지요?

그것이 성령님의 역사요 이끌림일까? 아니면 어떻게 해서라도 성경을 읽지 못하게 하는 악한 세력의 역사요 이끌림일까요? 영 분별의 은사를 계발하여 분별하고 이제는 결단을 내릴 때가 되지 않았나, 확신합니다.

성경에 대하여 "덮어 놓고 믿는 분들"이 계십니다. 즉 그 내용이 내 이성으로 이해되어지는 여부와 상관없이 성경을 일점일획이라도 가감할 수 없는 하나님의 말씀으로 받는 분들을 '덮어 놓고 믿는 분들'이라고 할 수 있습니다. 반대로 전혀 성경을 읽지 않기 때문에 책에 먼지가 수북히 쌓여 있을 정도로 '(성경책을) 덮어 놓고 믿는 이들'도 집사님들 중에 계시는 모양입니다.

지금은 성경읽기에 대한 개혁을 추구해야 할 때입니다. 아주

적은 양이라도 읽기를 시작해야 합니다. 하루에 세 끼 식사를 하듯이 하루에 3장, 그리고 주일에는 5장을 읽으면 일년이면 신구약 성경을 일독하는 놀라운 감격을 체험하게 될 것입니다. 왜냐하면 냉장고를 열면 아내의 마음이 보이듯이, 성경을 펼치면 하나님의 마음이 보이기 때문입니다.

4부
미리 알았어야지

조건/참된 사랑

"달려가는 것보다 마주보는 것이 좋습니다."

어느 믿음이 좋다는 형제가 결혼하여 아내가 될 자매를 달라고 하나님께 작정기도를 하기 시작하였습니다. 즉 "하나님, 하나님은 전능하신 하나님이심을 고백 드립니다. 저에게 주실 자매는 믿음이 에스더 같기를 원합니다. 또한 이왕에 주실 것이면 미모는 사라와 같기를 소망하며, 지혜롭기는 아비가엘 같았으면 합니다. 특별히 기도 드리는 제목은 한나와 같이 어렵게 아기를 갖는 자매를 원치 아니하며, 음식을 잘 만들고 집에 찾아오는 손님들에게 친절하기는 마르다 같기를 소원합니다. 그리고 마지막으로 챙피('올챙이 껍질'을 챙피라고도 함)함을 무릅쓰고 한 가지 더 말씀을 드립니다. 주님의 말씀을 듣고 이해하기는 마리아 같기를 기도 드리며, 순종 잘하기는 리브가 같았으면 합니다. 하나님, 기억하여 주옵소서!"라고 기도하였다는 것입니다. 그러자 하나님께서 즉각 응답하시기를 "그런 여자가 있으면 내가 데리고 살겠다. 이 녀석아, 정신 차려라아~!" 하셨다는 것입니다.

또한 어느 대도시의 교회에서 담임 목사님께서 은퇴하시므로 교회는 후임 목사님을 모시기로 하였습니다. 그리고 후임으로 오실 목사님의 조건을 이렇게 기독교 계통 신문에 명시하였다고 합니다. "우리 교회에 후임을 모시고자 합니다. 목사로서의 영적인 지도력은 모세 같아야 하며, 키와 외모, 그리고 찬송 실력은 다윗 같아야 합니다. 지혜롭기를 솔로몬 같기를, 신학적인 지식은 사도 바울 정도는 되어야 하며, 설교 능력은 한 번에 심킨 명을 회개시킨 사도 베드로 같아야 할 것입니다. 영적인 예언력은 마땅히 요한 같아야 하며, 삶의 청빈도는 세례 요한 같으면 좋을 것이요, 마지막으로 스데반처럼 돌에 맞아 순교할 각오가 된 목사님 중, 일반대학과 신학대학원을 졸업하셔야 합니다. 특히 외국에 가서 박사학위를 받아 오신 후, 기존교회에서 담임목사 5년 경력이 있는 목사를 청빙합니다. 물론 전화나 이메일 신청은 일체 사양하오며, 특히 방문 신청하는 목사는 철저히 배제할 것입니다. 제일 유념하셔야 할 것은 나이는 40세 전후가 좋으며, 제출된 서류는 일체 반환되지 않음을 명심하기를 바랍니다. ○○교회 당회 대표 ○○○장로(전화번호: 02-○○○-○○○)"

그러자 그 교회가 속해 있는 교단의 어르신 목사님께서 그 교회 대표 장로님에게 전화를 걸어서 말씀하시기를 "장로님, 광고 내신 것을 잘 보았습니다. 그런 분을 소개해 드리죠?"라고 하셨습니다. 그리고 "아이구, 원로 목사님! 감사 드립니다. 그럼, 지금 그 목사님이 시무하시는 교회는 어디입니까?"라며 그 대표 장로님이 물어 보시자, 그 원로께서 이렇게 대답을 하셨다는 것입니다. "목사님들 중에는 그런 자격을 가지신 목사님이 애당초 계시질 않습니다. 제가 소개해 드리려는 분은 목사가 아니고 천사입니다. 천사말이에요…."

인생의 반려자 선택이나, 교회 담임목사 선정의 기준이 하나님 보시기에도 너무나 완전한 사람을 찾는 것 같아 하나님도 한숨짓는 시대가 된 것 같습니다. 그러나 복된 관계란 완전한 사람을 찾아 누리는 것이 아니라, 서로의 약점과 연약함을 감추며 동시에 서로의 작은 듯한 장점과 능력은 크게 들추어내어 칭찬하기를 즐겨할 때 만들어지는 것입니다. 그곳이 가정 혹은 교회이든 상관없이 말입니다.

만일 오랜 만에 아이들과 함께 외식하자는 아내에게 "예수가 외식하지 말라고 했는데, 당신은 꼭 하지 말라고 하는 일을 골라서 하는 그 버릇 때문에 큰일이야, 그렇지 않아요?"라고 비꼬며 불평하기를 자주하는 남편하고는 더 이상의 복된 관계를 기대할 수 없을 것입니다. 참된 사랑은 두 사람이 앞을 보며 달려갈 때 이루어지는 것이 아닙니다. 다만 두 사람이 서로를 마주볼 때 만들어지고 나눌 수 있는 것입니다.

지금 가정에서 혹은 교회에서 서로가 곁눈질하며 서로를 판단하고 계시는지요? 아니면 "그럴 수도 있지!"라며 서로의 눈을 마주보며 이해의 창문을 열고 계시는지요? 하나님과 본인은 아실 것입니다. 기회가 그리 많이 남아 있지 않습니다.

배려/좋은 유머

남이 웃었다고 다 좋은 유머는 아닙니다.

재미있으며, 사람들을 웃겼다고 해서 다 좋은 유머는 아닙니다. 참 좋은 유머에는 상대방을 배려하는 따사로움과 너그러움이 담겨져 있습니다.

만일 갱년기에 들어간 아내가 계절이 바뀌는 어느 날 아침, 옷장을 열면서 한숨 섞인 말을 하였습니다. "입을 옷이 하나도 없네!" 그 때 남편이라는 사람이 아내를 웃긴다고 "당신의 체중을 몇 킬로그램 빼면 입을 옷이 많이 보일텐데 무슨 말이야!" 한다면 좋은 유머는 아닙니다. 왜냐하면 중년기의 아내들은 어찌 된 것이 물만 먹어도 살이 찐다고 한숨을 짓는 세대이기 때문입니다. 그러나 어찌 음식과 간식을 먹지 않고 물만 먹었는데 살이 찌리요마는….

또한 젊은 층의 남전도회 월례회가 평일, 회장 집사님댁에서 모였습니다. 많은 회원들이 참석하여 식사를 하고 있는데 한 회원 집사님이 회사의 일로 인하여 늦게 도착을 하였습니다. 젊은 나이에 흰 머리가 많이 나는 것도 신경 쓰이는데, 늦게 들어오는 그 집사님은 탈모증세가 심하여 많은 고민 속에 노력을 기울이고 있던 중이었습니다.

그런데 평소 친하다는 친구 집사가 그 늦게 온, 심한 탈모증세로 고민하고 있는 집사님을 향하여 "누가 들어왔기에 이렇게 갑자기 방이 밝아지나?", 혹은 "위대한 태양이신 수령님이 들어오시네!"라고 유머를 던지므로 많은 회원들을 웃겼다면 그 역시 좋은 유머는 아닙니다. 왜냐하면 많은 회원들 앞에서 자신의 약점을 가지고 농담하는 그 친구를 향하여 좋은 마음을 가질 사람은 그리 많지 않기 때문입니다. 만일 탈모증세로 같이 마음 아파하고 있는 그 집사님의 아내가 같이 참석하고 있었다면 이렇게 속으로 이야기하였을 것이 분명합니다. "아니, 자기가 우리 남편 머리카락 빠지는데 뭐 보태준 것이 있나? 차~암!"

현대의 인터넷, 혹은 각종 유머 책을 보면서 마음 아파할 때가 많이 있습니다. 그 이유는 그 내용들이 남을 조롱하거나, 타인이 드러내기 싫어하는 것을 들추어내어 남을 웃겨 보려는 의도가 너무나 심하기 때문입니다. 일반 사회 뿐만이 아닙니다. 교회 교인들 간의 유머도 그 범주에서 크게 벗어나지 않는 것 같습니다.

그러므로 우리들 만이라도 다른 교인들의 단점과 괴로움을 주제로 하는 유머를 하지 말아야 합니다. 도리어 좋은 유머 감각이 있는 사람으로 인정되기 위해서는 자신의 교회 및 가정, 그리고 사회생활의 실수나 어처구니 없었던 일들을 소재로 하는 지혜가 있어야 할 것입니다. 그 때 그런 유머를 통하여 의외로 많은 사람들과 따뜻한 관계를 형성케 되며, 유지케 되는 은혜를 맛보아 알 것입니다.

저는 황해도 출신입니다. 물론 황해도에서 태어나지는 않았습니다. 하지만 부모님의 고향이 그 곳이라 그렇게 부릅니다. 그래서 황해도 출신의 교직자들의 모임인 황해교직자 임원회의에 참석하곤 합니다. 그날도 회의가 끝난 후에 연세 많으신 어르신들과 함께 목욕을 하게 되었습니다. 그 목욕탕 남탕 안에 꽤 큰 화장실이 있어 먼저 그 입구로 들어가는데, 한 노인께서 화장실 입구에서 서성거리는 것이었습니다.

제가 들어가자, 그 노인께서는 기다렸다는 듯이 "아니, 남자 화장실은 어디로 가야 하는 것이지? 젊은이?"라고 말씀하시는 것이 아닙니까? 순간 저도 당황하였습니다. 그 이유는 그 남탕 화장실 입구에 부착되어 있는 화장실 표시 그림에 남녀가 나란히 그려져 있었기 때문이었습니다. 저는 그 표시판 왼쪽의 그림이 남자인 것을 보면서 "어르신, 제가 보기에는 남자 화장실은 왼쪽인 것 같습니다."라고 말씀을 드리자 그 어르신께서는 "음, 그렇구먼. 젊은이 말이 맞어, 왼쪽에 있는 그림이 남자니까 말이야, 고맙네!" 하시며 화장실 왼쪽으로 들어가셨습니다.

 물론 저도 왼쪽으로 따라서 들어갔죠. 그리고 순간 이곳이 남탕이 아닌가라는 생각과 함께 터져 나오는 웃음을 참으려고 얼마나 혼이 났는지 모릅니다. 왜냐하면 그 어르신은 아직도 오른쪽은 여자 화장실이라고 생각하셨는지, 힐끔힐끔 오른쪽을 쳐다 보시며 소변을 보시기 때문이었습니다. 일을 다 마치고 나오며 입구의 화장실 표시 그림을 다시 바라보았더니 여전히 남녀 그림이 함께 붙어 있었습니다. 남탕 화장실에 말입니다.

 이런 유머를 하였건만, 혹 주위 사람들이 웃지 않더라도 실망하지 마세요. 왜냐하면 지금 그 모임에 참석한 어느 분의 약점을 들추어 낸 유머가 아니기 때문입니다.

 예배당 좌석

앞좌석은 금방석!

중·고등학교를 다니던 시절을 생각해 봅니다. 특히 학급의 풍경을 되새김질 해봅니다. 제일 먼저 떠오르는 풍경은 "앉는 자리"입니다. 선생님의 말씀을 잘 듣기를 원하던 학생은 할 수 있거든 앞자리를 원하였습니다. 그러나 저처럼 선생님의 말씀과 눈길보다는 친구들과의 이야기를 더 좋아하던 학생은 할 수 있거든 뒷자리를 원하였습니다.

그래서 그 시절을 돌이켜 보며 가끔 이런 생각을 해 보기도 합니다. "이 녀석은 노인이 되어도 교회의 뒷좌석만 앉을 녀석이지, 혹 목사나 만들어야 할 수 없이 예배당 앞좌석에 앉을 녀석일거야!" 하는 마음을 하나님께서 가지셨기에 이처럼 못난 사람이 목회자가 되지 않았을까 하는 생각 말입니다.

예외가 있을 수 있으나, 학급처럼 교회당도 뒷좌석보다 앞좌석에 앉는 분들이 설교 말씀을 더 사모하는 것을 부인할 수는 없을 것입니다. 어느 교회는 본당에 있는 화초들 중, 뒷좌석 근처에 있는 화초는 결국 말라 죽는다고 합니다. 그런데 본당 강대상 앞에 놓여있는 화초는 늘 싱싱하다고 합니다. 그 이유는 그 교회 목사님께서 강대상에서 말씀하실 때마다 침을 많이 튀기시기 때문이라는 낭설아닌 낭설이 있답니다. 혹 거름을 때맞추어 주기 때문일 수도 있을까요?

예배당 좌석 이야기만 나오면 어렸을 때 추억이 생각납니다. 그때, 부모님의 말씀에 따라 부흥사경회를 참석하곤 하였는데 강사 목사님의 말씀 중에 지금까지 기억에 남는 말씀이 있습니다. 약 35년이 지났건만 그 말씀만큼은 지금도 귀에 쟁쟁합니다. "성도님들, 이 앞좌석은 금방석입니다. 그리고 저 중간좌석은 은방석이요, 저 맨 뒷좌석은 죄송하지만 변방석입니다. 할 수 있거든 예배 전에 일찍 들어와 앞좌석부터 앉는 것이 좋습니다!" 이런 말씀이었습니다.

그런데 이 부족한 사람이 목사가 된 후, 하나님의 은혜로 가끔 타교회 부흥회 인도를 나가게 되었습니다. 그리고 집회 인도하는 교회마다 한 가지 놀라운 공통점을 발견하게 되었습니다. 그것은 부흥되고 안정된 교회의 집회일수록 앞좌석부터 자리가 채워지는 것입니다. 심지어 교회 중직들까지 예배당 앞좌석을 선호합니다. 그러나 정체되거나 퇴보, 혹은 문제가 있는 교회일수록 놀라울 정도의 공통점이 있습니다. 그것은 교인들이 중간좌석이나, 뒷좌석부터 채워진다는 것입니다. 물론 교회중직들도 마찬가지입니다. 만일 앞좌석에 앉으면 부흥회 기간 중, 특별헌금을 할 것이라는 광고를 제가 하지도 않았는데 말입니다.

유명가수 콘서트 홀 앞좌석을 차지하기 위해 며칠 전부터 입장권 예매하는 곳에서 새우잠을 자는 이들을 보셨습니까? 자기가 좋아하는 야구선수를 보기 위해 2~3시간 전에 입장하여 1루석 맨 앞좌석에 앉아 있는 이들도 보셨습니까? 그들을 보고 미친 사람들이라고 해 본 적이 있습니까? 그러나 세상은 자기 분야에 대하여 미친듯한 사람들에 의해 새로운 역사가 만들어졌던 것입니다.

음악, 미술, 교육, 문학, 체육, 그리고 과학, 정치, 경제, 군사 등이 그렇지 않았습니까? 마찬가지로 신앙생활도 예배와 설교에 미칠 정도가 되어야 이 무신세계를 정복할 수 있는 신앙을 소유할 수 있지 않을까요? 우리 모두 집회장소에 너무 늦게 도착하였던 유두고를 기억해야 할 때가 된 것 같습니다. 즉 사도 바울의 말씀이 한참 진행될 때 그 장소에 들어와 맨 뒷좌석도 아니요, 난간에서 졸다가 결국 떨어져 죽었던 유두고를 말입니다.

성도님은 지금 어느 좌석에 앉아 계시는지요? 다음 주일에는 한 번쯤 몇 좌석 앞으로 가서 앉아 보시지 않겠습니까? 예상했던 것보다 더 놀라운 변화를 체험하실 것입니다. 왜냐하면 예배당 앞좌석은 금방석이기 때문입니다.

분별/신앙 인격

사십대가 지나야….

무속인들을 가리켜 '점쟁이'라고 칭합니다. 그런데 요즘 예수님을 잘 믿는다는 사람들 중에도 마치 점쟁이가 점을 치듯이 하며, 분별없는 교인들을 미혹하는 사람들이 있습니다. 그런 분들은 특별히 어느 기도원에서 기도를 하다가 예언과 투시의 능력을 받았다고 선전하며, 건전한 교회 근처에 자리를 잡고 무엇인가를 듣고 만지기를 원하는 교인들에게 비성경적인 처방을 해 주고 있습니다.

이름하여 '예수 점쟁이들' 입니다. 이들은 소위 성경 점을 보고 싶다며 찾아온 교인들에게 근엄한 표정과 특히 시종일관 반말로 이렇게 말합니다. "자네 성경 점을 보러 왔지, 잘 왔어. 잠시 기도하고 성경을 펼쳐 보도록 해! 이제 그 펼치는 성경구절 속에 점괘가 있을 것이야! 그러면 그 말씀을 내가 풀어 주지…."

서울 도심 한가운데 있는 모 사이비 기도원에서 이런 일이 있었다고 합니다. 약 사십은 되어 보이는 한 남자가 그 기도원을 찾아와서 "지금 너무나 형편이 어렵습니다. 저의 앞날이 어떻게 될 것인지 기도해 주시고 말씀해 주세요!"라고 부탁을 하였다고 합니다. 그러자 그 기도원에 있는 예수 점쟁이가 그 남자를 보면서 방언기도를 한다며 한참 주문같은 기도를 하더니 "이제 성경을 펴봐. 그 성경구절이 당신의 앞날을 인도할 점괘가 될 것이니까 말이야!"라고 말하였습니다.

그 남자는 물에 빠진 사람 지푸라기라도 잡고 싶은 마음으로 성경을 펼쳐서 눈에 언뜻 들어오는 성구를 읽었는데, 그 말씀은 마태복음 27장 5절이었습니다. "유다가 은을 성소에 던져 놓고 물러가서 스스로 목매어 죽은지라" 그래서 그 남자가 어떻게 했을까요? 그 예수 점쟁이가 정해 준 그 성경 점을 그대로 믿고, 낙담하며 집으로 돌아와 스스로 목을 매어 목숨을 끊고 말았다는 것입니다.

사십대의 심리적인 특징이 있다면, 지난 날과 달리 자신의 나이를 계산하는 방식이 전혀 달라지는 것입니다. 즉 태어나서 지금까지 살아온 기간으로 나이를 계산하지 않습니다. 반대로 자신이 가상하고 있는 죽을 날로부터 한해씩 줄여서 나이를 계산하게 되지 않습니까? 다시 말해서 만일 70세까지 산다면 이제 29년이 남았고, 60세까지만 살게 된다면 20년 밖에 남지 않았다는 계산법 말입니다.

 그래서 신, 불신을 막론하고 자신의 꿈을 아직 이루지 못하였는데도, 남은 날은 얼마가 되지 않는다는 강박관념 때문에 실망과 좌절의 늪에 빠지게 됩니다. 그로 인하여 만성적인 우울증에 걸릴 수 있는 연령층이 바로 사십대입니다. 그리고 그 우울증은 삼십대에 가정, 직장 그리고 교회생활을 너무나 힘들여 하였기에, 사십대에 들어가서는 결국 탈진상태에 빠지게 된 결과로 나타나는 것입니다.

 사십대 성도들의 이러한 영육간 힘의 소진으로 인하여 "아니, 그 집사님께서 이단으로 가셨다는 말이야?" 혹은 "어허! 그렇게 많이 배우시고, 사회적 지위가 계신 성도님께서 예수 점쟁이를 찾아 가셨단 말이야?"라는 말을 듣게 되는 처지가 될 수 있습니다. 혹 그 대상이 바로 내 자신이 될 수도 있다는 말입니다.

 그러므로 사십대야 말로 자신을 바라보는 모든 정체성 중에서 '하나님의 자녀로서의 정체성'을 으뜸으로 여기는 결단이 필요합니다. 즉 그럼에도 불구하고 나의 몸은 하나님의 성령이 거하시는 전이다(고전 6:19), 또는 나의 이 몸이라도 하나님이 기뻐하시는 거룩한 산 제사로 드려야 한다(롬 12:1), 그리고 세상은 나를 필요 없다고 등 돌렸으나, 하나님은 여전히 나를 필요하다고 부르신다(딤전 1:12-13)는 확신입니다. 아니, 믿음입니다.

그것만이 예수 점쟁이보다 성령 하나님의 이끌림과 명령에 따라 살아갈 수 있는 삶의 비결입니다. 야구 관객의 인격은 게임이 끝난 후, 그 앉았던 자리를 보면 평가될 수 있듯이 그 성도의 신앙 인격도 사십대가 지나 보아야 알 수 있지 않을까요?

 앵무새/경청

"꺼져 버려!"

성도들과 사이가 별로 좋지 않은 어느 교회 목사님이 계셨습니다. 그분께서는 결국 신경과민으로 정신치료를 받기 위해 병원을 찾게 되었습니다. 사모님의 강권하심으로 이미 그 병원의 약을 타서 복용하고 계시던 그 목사님은 의사 선생님을 만나자마자 이런 질문을 하였습니다.

"선생님, 전번에 주신 약을 말씀하신대로 잘 먹고 있습니다. 그런데 그 약이 무슨 약입니까?" 의사분께서는 목사님을 향한 예의를 갖추어 밝게 웃으시며 "좋은 약입니다. 신경안정제 중에서 제일 잘 듣는 약이지요."라고 대답을 하였습니다.

그러자 그 목사님의 두 눈썹이 위로 치켜 올라가더니 섭섭한 표정으로 이렇게 말씀하셨다는 것입니다. "앞으로는 그 약을 절대로 주지 마세요!" "아니, 목사님; 특별한 이유라도 계시는지요?" 라고 의사 선생님이 말씀하시자, 그 목사님께서는 목사님답지 않은 대답을 하셨다는 것입니다. "그동안 그 약을 먹어서 그런지, 저를 미워하는 교인들에게 신경질이 나지 않았단 말입니다!"

요즈음, 목사님들 사이에 확인되지 않은 이야기가 퍼져 나가고 있습니다. 그것은 목사님이 일부 염소같은 교인들의 부정적인 태도와, 반대를 위한 반대에 부딪칠 때마다 참음으로 일관하면 결국 암에 걸리게 된다는 것입니다. 그러나 그런 교인들에게 참다가 할 수 없이 결국 화를 내는 목사님은 암보다는 고혈압에 걸릴 확률이 많다는 이야기입니다.

그래도 암에 걸리는 것보다는 고혈압이 더 낫지 않겠느냐는 낭설이 떠돌아 다니고 있다고, 합니다. 물론 이런 말들은 목사님들끼리 서로 웃으며 위로받고, 다시 교인들을 섬기자는 무언의 결심선언에 불과할 것입니다. 그럼에도 불구하고 목사님들에게 때로 자신의 격한 감정이나 과로를 풀 수 있는 기회와 여건, 그리고 그런 장소와 여유자금을 마련해 주는 것은 교인으로서의 의무요, 동시에 즐거움이 아닐까 생각해 봅니다.

자신이 섬기는 교회의 교인들에게 경건한 목사님으로 인정받고 있는 어느 목사님이 계셨습니다. 늘 근엄한 표정이었으나, 항상 건강이 좋지 못한 그 목사님 사택에는 앵무새 한 마리가 있었습니다. 그런데 그 목사님댁 식구들끼리는 만나면 하는 인사말이 있었으니 "할레루야!"와 "아멘!"이었습니다. 그래서 그 사택 앵무새도 어느 교인이 들어오든지 할렐루야와 아멘으로 인사를 하곤 하였습니다.

그런데 그런 앵무새를 몹시 부러워하는 건강하고, 늘 활발한 중진 집사님께서 목사님 내외분이 건강회복을 위하여 한 주간 기도원에 들어가시는 때를 틈타서 그 앵무새를 빌리게 되었습니다. 그런데 그 일주일을 기도원에서 보내고 돌아온 목사님께서, 집사님댁에서 오랜만에 돌아온 사랑하는 앵무새를 보니 너무나 반가워서 "할렐루야!"라고 인사를 하였더니 그 녀석이 이런 말을 반복하더라는 것입니다.

"야, 이 못된 집사야, 지금이 몇시냐? 꺼져 버려!" "웃기네 너나 꺼져 버려! 꺼져 버려…."라고 말입니다.

그 집사님 내외분은 밖에서 받은 핀잔을 자기 가정과 교회에서 그렇게 표출하기 때문에 암 커녕, 고혈압도 없을 정도로 건강한 걸까요? 반대로 그 목사님 내외분은 교회에서 받은 스트레스를 가정에서도 풀지 못하고 인내하며 "할렐루야, 아멘!" 같은 경건한 인사만 하시기 때문에 늘 걸어 다니는 병원처럼 건강이 좋지 못한 것일까요?

저도 잘 모르겠습니다. 그러나 다만 한 가지는 알 수 있습니다. 목사님과 교인들이 서로의 입장을 존중하며, 서로를 위한 대화의 문만 열어 놓는다면 피차 간의 영육을 강건하게 유지할 수 있지 않을까 하는 확신입니다. 즉 참기만 하거나, 터뜨리기만 하는 성품들이 아닙니다. 다시 말씀 드려서 극단적인 처방만 하는 관계가 아닙니다. 다만 급히 내 말만 하기보다는, 숨을 한번 내 쉰 후, 마음을 열고 상대의 말씀 듣기를 잘하는 은사를 받는다면 놀라운 관계 회복을 맛보게 될 것입니다(약 1:19-20, 잠 22:24-25).

> 말(馬)/아멘

"아멘은 아무나 합니까?"

교회 코미디의 고전과 같은 이야기입니다. 주인이 외치는 "할렐루야"와 "아멘"이라는 구호에 익숙한 말이 있었습니다. 그 말은 주인이 '할렐루야'를 외치면 즉시 달리기 시작합니다. 그러나 '아멘'이라고 말하면 금방 그 자리에 멈추는 말이었습니다.

어느 날, 그 말의 주인이 넓은 초원으로 나가 승마를 하게 되었습니다. "할렐루야!"를 외치니 동네에서만 거닐던 이 말은 너무나 신바람이 나서 쏜살같이 달려나가는 것이 아닙니까? 그러나 한참 달리며 앞을 보니 이게 웬일입니까? 낭떠러지가 보이는 것이 아닙니까? 당황하기 시작하였습니다. 그리고 죽음에 대한 공포로 인하여 자기의 말을 멈추게 할 구호인 '아멘'이 생각나지 않는 것이었습니다.

성도님도 너무나 당황하다가, 자기 집 전화번호를 말하지 못한 적이 있지 않으셨는지요? 하기야 어떤 분은 다그치는 경찰 앞에서 자기 이름을 말하지 못하였다고 하니 얼마나 당황하였으면 그랬을까요? 좌우간 드디어 낭떠러지가 바로 눈 앞에 나타났습니다. 그러나 하나님의 은혜였습니다. 떨어지기 바로 직전에 아멘이 생각난 것이었습니다.

"아~멘! 이 녀석아, 아멘이라니까?!" 그러자 감사하게도 그 말이 낭떠러지 바로 앞에서 멈추는 것이 아닙니까? 살았다는 생각에 슬그머니 낭떠러지 밑을 쳐다보니 현기증이 날 정도의 깊은 계곡이었습니다. 생명을 보존하게 된 그는 너무나 감사하였습니다. 그 위기의 순간에 아멘을 생각나게 하신 하나님께 말입니다. 그래서 그 자리에서 그 하나님을 향하여 감사의 마음을 표현하고 싶었습니다. "할렐루~야!"라고 말입니다. 그것도 아주 큰 소리로 말입니다. 그 주인은 어떻게 되었을까요?

물론 할렐루야를 외치면 죽고, 아멘을 소리쳐 고백하면 산다는 흑백논리를 전하려는 것이 저의 지금의 마음은 아닙니다. 다만 한때, "사랑은 아무나 하나!"라는 노래가 유행이었듯이 "아멘은 아무나 합니까?" 그럴 수 없습니다. 오직 선택된 하나님의 자녀만 할 수 있는 신앙고백이 "아멘!"입니다.

불교가 기독교의 많은 것들을 본받아 따라하고 있습니다. 그래서 절들이 세속 밖에서 세상 안으로 들어왔습니다. 찬송가를 본받아 찬불가를 만들었습니다. 교회 본당의 피아노를 보며, 풍금 혹은 피아노를 법당에 들여 놓았습니다. 설교하는 것을 유심히 보더니, 설법을 제대로 하기 시작하였습니다. 심지어 여름성경학교를 열심히 연구하더니, 여름불교학교를 만들었습니다.

그러나 한 가지 따라 하지 못하는 것이 있습니다. 그것이 바로 "아멘!"인 것입니다. 아멘은 하나님의 자녀외에 그 누구도 감히 할 수 없는 경건입니다. 하나님의 말씀이 선포되어지는 곳, 혹은 하나님의 말씀이 선포되는 시간에 아멘으로 화답하는 것은 성도의 선택과목이 아닙니다. "아멘!", 즉 "지금 선포되는 말씀대로, 진실로, 그대로 될 줄로 믿습니다!"라는 신앙고백인 아멘은 성도가 지녀야 할 경건 중에 필수과목입니다.

물론 일부 목사님들의 말씀 선포 중, 욕설과 저주하는 것같은 쌍소리에도 아멘으로 화답하는 것은 참으로 문제있는 교인의 자세일 것입니다. 그러나 아멘을 마땅히 해야 할 순간, 혹은 장소에서 아멘을 하지 못하는 이성주의적인 교인들도 문제입니다. 일단 아멘으로 선포되는 말씀을 인정하는 경건을 포기하지 마시기 원합니다. 왜냐하면 아멘으로 받아들인 말씀의 응답의 시기는 하나님께서 정하여 역사하실 것이기 때문입니다.

즉 우리가 기대하는 최선의 응답의 때가 하나님이 보실 때에는 차선일 수 있습니다. 반면 "그렇게 응답하신다면 차선책에 불과할 것 같은데~!"라는 그 때가 하나님 편에서는 최선의 때일 수 있는 것입니다. 성경은 그 기록된 내용에 대하여 "아멘!" 하는 분들을 향한 하나님의 약속이 담겨져 있는 책이요, 동시에 하나님의 때에 그 약속을 응답하신 것을 기록한 성서임을 잊지 마셔야 합니다.

"하나님의 약속은 얼마든지 그리스도 안에서 예가 되니 그런즉 그로 말미암아 우리가 아멘하여 하나님께 영광을 돌리게 되느니라"(고후 1:20) "주 예수의 은혜가 모든 자들에게 있을지어다 아멘"(계 22:21) 아멘은 아무나 합니까?

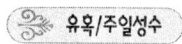 유혹/주일성수

주일날, 부는 바람을 조심하세요!

어린 아이들은 천둥과 번개에 대하여 올바른 인식을 가지지 못하고 있습니다. 즉 소리가 큰 천둥이 자기를 죽일 것이라는 두려움을 가지고 있습니다. 그러나 천둥칠 때 죽은 사람은 없습니다. 다만 큰 소리는 없으나 번개칠 때, 사람이 죽을 수 있는 것입니다. 아마도 어린 아이들이기 때문에 착각을 하는 것 같습니다.

마찬가지로 믿음이 연약한 교인들은 천둥 번개와 같은 무슨 큰 사건이 터지므로 자신의 주일성수 신앙이 무너질 것으로 생각합니다. 그러나 실제로는 마치 미풍과 같아서 "이런 것 쯤이야?" 하는 일로 인하여 결국 주일을 일요일, 혹은 공휴일처럼 여기며 보내게 될 것입니다.

그래서 봄에는 '들바람'이라는 미풍이 교인들을 유혹합니다. 그로 인하여 주일임에도 불구하고 등산, 낚시, 탐석, 골프, 가족 일일여행 등으로 교인들을 날려 보냅니다. 여름에는 '강바람'이 불며, 가을에는 '단풍바람'이 불고, 겨울에는 '눈바람'이 불어 주일을 지켜야 할 교인들을 끄집어 내고 있습니다. 물론 눈바람은 재정적인 문제, 장비 및 거리 문제로 그리 심하게 불지 못하고 있으나 그 바람의 영향력도 시간 문제일 것 같습니다.

이런 바람들을 일부러 피하려 하지 않는 교인들, 또는 심지어 즐기고자 하는 교인들을 위하여 세상의 불신문화는 이상하고 교묘한 주일예배를 준비해 놓았습니다. 즉 주일의 여가선용을 위하여 주일날에는 예배를 드리지 않고, 토요일 밤에만 예배를 드리는 방법을 준비해 놓았습니다.

어느 날이었습니다. 저의 모습이 곧 쓰러질 정도로 피곤해 보이셨던 어느 집사님 내외분께서 좋은 시설의 콘도를 예약해 놓으시고, 잠시 휴식을 취하도록 강권하였습니다. 아내와 함께 감사하는 마음으로 그 곳으로 떠나 정말 오랜만의 안식을 누리게 되었습니다. 그리고 수요일이 되었습니다. 수요예배를 드리기 위해 그 콘도 부설교회를 찾아갔습니다.

그러나 그 콘도 내에 있는 교회의 예배 안내판을 보면서 참으로 어이없다는 생각을 하였습니다. 주일예배 시간이 없는 교회였기 때문이었습니다. 그 이유는 그 콘도에는 골프치는 분이라면 이름만 들어도 알 수 있는 유명한 골프장이 있기 때문이었습니다. 주일날 골프를 칠 교인 손님들은 토요일 밤예배에 참석하여 하나님께 눈도장을 찍으라는 것이었습니다.

그렇게 넓고 탁트인 필드에서 골프를 즐기다가, 그 다음 주일에는 예의상 본 교회 예배에 참석하지만 아마도 설교가 귀에 들어올 리가 없을 것입니다. 왜냐하면 골프장과 달리 너무나 좁고 한정된 공간 안에 갇힌 느낌이기 때문입니다. 그래서 예배 후, 집으로 가는 차 안에서 아내가 "오늘 목사님 눈이 좀 충혈되고 부으신 것 같지 않아요?"라고 질문을 하자 이렇게 대답하더라는 것입니다. "글쎄, 잘 모르겠는데~, 왜냐하면 내가 눈을 뜨고 있을 때는 목사님이 눈감고 기도하셨고, 목사님이 설교하실 때에는 내가 눈을 감고 있었거든, 그리고 축도가 끝나자 마자 주차장으로 달려 왔기에 결국 목사님 눈을 보지 못했단 말이야…"

오랜 시간에 걸쳐 뼛 속에 요산이 쌓이다 보면 결국 무서운 고통을 동반하는 통풍이 오듯이, 주일 신앙을 팔아 먹게 되는 것도 어느 한순간에 이루어지는 것이 아닙니다. 다만 "이번 한번 쯤이야?" 하는 주일성수를 거역하는 미풍을 예수님의 이름과 보혈의 권세를 의지하여 물리치지 못하는 주일이 쌓이다 보면 결국, 신앙의 공든 탑은 무너지게 되어 있습니다.

기독교는 십자가의 종교입니다. 자기 희생이 필요한 종교입니다. 특히 주일성수를 위하여 말입니다. 왜냐하면 우리를 구원하신 예수님께서 우리를 위하여 희생의 삶을 사셨고, 승천하시기 전에 다음과 같은 말씀을 주셨기 때문입니다. "이에 예수께서 제자들에게 이르시되 아무든지 나를 따라 오려거든 자기를 부인하고 자기 십자가를 지고 **나를 쫓을 것이니라**"(마 16:24) 아멘!

 성장/증거

"몇 시 몇 분?", "몹시 흥분이요!"

성도님의 자녀가 어린 유아시절을 지나, 이제는 유치원을 다닐 나이가 된 증거가 있다면 과연 어떤 것일까요? 그것은 아마도 하얀 목련꽃을 보면서 그것을 팝콘이라고 한다면, 또한 선인장을 보면서 그것을 아빠 수염이라고 한다면 이제는 유치원에 보내야 할 연령이 된 결과일 것입니다.

그 어느 외국인이, 이제는 한국사람이 다 된 것 같은 때는 과연 언제일까요? 그 때는 아마도 이렇게 변하였을 때일 것입니다. 즉 뜨거운 국물을 들이키면서 "어 시원해요!"라고 한다면, 비후까스를 파는 양식집에서 김치를 찾는다면, 두루마리 화장지를 식탁 위에 놓고 사용하기 시작한다면, 남자 화장실을 청소하기 위해 아줌마가 들어오더라도 정상적으로 소변이 나온다면, 지나가는 개를 보았는데 된장이 생각난다면, 마지막으로 일본이 이유없이

미워진다면 그 외국인은 이미 한국사람이 다 된 분일 것이 분명합니다.

그렇다면 그 어느 교인이 드디어 하나님의 자녀가 된 분명한 증거가 있다면 어떤 것이 있을까요? 노래방에서의 부르는 유행가보다 예배당에서의 찬송가가 더욱 감동이 된다면, 자기가 다니는 교회를 "우리 교회"라고 부르기 시작한다면, 과거에는 통성기도 할 때 옆의 교인의 기도내용을 들으면서 "이하동문이요!"라고 하였는데 이제는 자신이 듣기에도 앞뒤가 맞지 않는 기도내용 같으나 그럼에도 불구하고 입을 벌려 기도하기 시작하였다면, 얼마 전까지만 해도 목사님과 함께 심방 다니는 여집사들을 보면서 "우리 아내까지 저렇게 빠지면 안되는데?" 하였는데 이제는 그들을 보면서 "더운데 수고 많이 하시는구만!" 중얼거린다면 이제는 하나님의 자녀가 다 된 교인일 것입니다.

게다가 회사동료나 고등학교 동창녀석이 교회와 목사를 욕할 때, 전에는 같이 거들었는데 이제는 왠일인지 흥분이 되어 마치 교회와 목사의 변호를 담당한 담당변호사나 된 것처럼 아는 지식 다 동원하여 해명을 하고 있다면, 그리고 마지막으로 예수 그리스도가 당신의 죄를 위하여 십자가에 돌아가셨고 당신의 영생과 천국입성을 위하여 부활하셨다는 설교를 들으면서 작은 소리지만 아멘으로 화답하기 시작하였다면 그는 분명 이미 하나님의 자녀가 된 교인일 것입니다.

이 세상에서 살아있는 것들은 모두 다 성장합니다. 동물, 식물, 심지어 미생물까지도 마찬가지입니다. 그러므로 살아있는 믿음이란 본능적으로 신앙성장을 사모하게 되어 있습니다. 만일 성장하는 믿음에 대하여 관심이 없다면 그분의 믿음은 죽어가고 있는 것이 분명할 것입니다.

이제 더욱 그리스도 예수를 아는 장성한 분량에까지 자라야 합니다. 그러기 위해 예배 참석, 그리고 기도회 및 성경공부 참석은 기본일 것입니다. 왜냐하면 믿음은 들음에서 난다(롬 10:14)고 바울께서 말씀하셨기 때문입니다. 그리고 신앙이 성장하는 교인에게는 최종적인 변화와 증거가 있습니다.

그것은 "주일이 기다려지는 것"입니다. 그래서 아내가 예배시간을 기다리며 얼굴화장을 하면서 "여보, 지금이 몇 시 몇 분이에요?"라고 물어오면, "응, 지금 몹시 흥분이에요. 빨리 교회 갑시다. 이러다가 늦어 뒷좌석에 앉을 것 같네요!"라고 대답하는 남편이 될 것입니다.

그런 은혜를 진심으로 사모하는 남성도들이 되어야 합니다. 그리고 혹 이미 주일이 기다려지며, 사모하게 되는 은혜를 받은 남성도님들은 그것을 잘 유지하시기 원합니다. 그런 성장하는 믿음을 소유한 삶이 바로 지상의 자그마한 천국과 같은 생활이 아닐까요? 그 당사자만 알 수 있고, 느낄 수 있는 심령천국 말입니다.

 대적/용납

2%가 부족한 사람

자신과 다른 사람들 사이에 있는 다양한 이해관계를 포용하기보다는 적대적으로 보게 하며 느끼게 하는 것이 현대사회 흐름의 특징입니다. 그래서 생기는 마음과 다짐은 바로 다음과 같은 것들입니다. 물론 신, 불신을 막론하고 말입니다.

"나는 저 사람보다 더 좋은 대접을 받아야 할 사람이지!", "분노를 숨길 필요가 어디 있어? 그저 손은 손으로, 발은 발로 보복하면 되는 것이야. 주저말고 말이야!", "여러 가지 사정 때문에 너를 용서는 하겠어. 그러나 결코 잊지는 않을 거야!", "하늘은 스스로 돕는 자를 돕는 법이지. 그래서 일등과 최고가 되기 위해서는 결코 주저할 것이 없는 세상이 바로 이 세상이야 알았어?"라고 말입니다.

우리들에게 그런 마음과 다짐을 주는 악한 영과 사탄은 우리들의 관계를 이해와 용서보다는 분쟁과 원수됨을 만드는 장본인입니다. 그래서 사탄의 여러 가지 이름 중에 한 가지가 바로 '대적자'라는 이름입니다. 그런 사탄의 역사를 잘 알고 있었던 사도 베드로는 우리들의 대적 마귀가 지금도 두루 다니며 삼킬 교인들을 찾고 있으니(벧전 5:8) 조심하라는 권면을 강조하고 있습니다.

물론 우리 서로를 이해하지 못하고, 용서치 못하게 하는 주원인은 사탄의 역사입니다. 그러나 그렇게 살아가고 있는 우리들의 죄악된 삶에 대한 책임은 바로 자신에게 있음을 잊지 말아야 합니다. 그 사실은 마치 차량접촉사고 때문에 대로변에서 싸우고 있는 어느 남녀의 이야기와 같은 것입니다.

어느 누가 운전을 하다가, 차선을 막고 싸우는 남녀를 보게 되었다고 합니다. 그는 무슨 일인가 궁금하여 차에서 내려 그 현장으로 가 보았습니다. 그 사고차량들은 서로 마주보며 세워져 있었고 두 차량의 운전자들은 서로 삿대질을 하며 소리를 치고 있었습니다. 다시 남자 운전자가 목청을 높입니다. "아니, 이 아주머니 좀 봐, 운전도 못하는 주제에 목소리만 커 가지고 말이야! 이 저녁시간에 돌아올 남편 저녁식사나 준비해야 할 여편네가 뭣 하러 차를 끌고 나왔냐 말이야 아~"

그러자 그 여자분의 목소리도 남자 못지 않았습니다. "그래 나 〈아주머니〉다. 내가 〈아기 주머니〉를 갖는데 당신이 뭐 보태 준 것이 있어? 그래 한 가지 확실히 해 두자. 뭣하러 차를 끌고 나왔냐고 했는데 이야기 해 주지, 남편 저녁상 차릴 쌀이 떨어지고 대접할 반찬 필요해서 사러 차 끌고 나왔다. 그래, 그런 내가 뭐 잘못한 것 있냐?"라고 말입니다.

때때로 너무 급히 화를 내며, 남을 정죄하는 분들을 보게 되면 저는 이런 생각이 듭니다. "아마도 2%가 부족한 사람인가봐?" 저는 우리 교인들의 교회생활의 관계도 마찬가지라고 생각합니다. 만일 우리들이 들은 이야기, 또는 직접 본 것이라고 해도 그 상대 교인의 입장에서 해석하는 이해심만 있다면 많은 것을 용서할 수 있을 것이라고 말입니다. 또한 그렇게 다른 교인댁 이야기를 말하지 못해 안달하지 않을 것이라고 말입니다.

물론 이기주의적인 사고 방식은 천성적인 것입니다. 그러나 자신만큼 다른 교인들을 이해하고 덮어 주는 이타주의적인 사고방식은 후천적이요, 만들어지는 것이기에 그리 쉽게 이루어지는 경건은 아닙니다. 그럼에도 불구하고 에베소교회 교인들에게 보내는 바울 사도의 서신들의 약 절반 정도가 화평에 대한 교훈으로 채워져 있음을 기억해야 합니다. "그러므로 주 안에서 갇힌 내가 너희를 권하노니 너희가 부르심을 입은 부름에 합당하게 행하여 모든 겸손과 온유로 하고 오래 참음과 사랑 가운데서 서로 용납하고 평안의 매는 줄로 성령의 하나되게 하신 것을 힘써 지키라"(엡 4:1-3)

이 말씀 중에 "힘써라!"고 번역된 헬라어는 마치 로마에서 검투사를 훈련시키는 사람이 그 훈련된 검투사를 경기장에서 죽기까지 싸우도록 내보낼 때 사용하는 언어라고 합니다. 즉 참된 하나님의 자녀들은 교회의 화평과 일치를 위하여 자신이 할 수 있는 모든 최선의 노력을 다하는 분들이라는 의미가 담겨져 있는 단어라는 것입니다.

그런 분들이 많이 계신 교회는 결국 사회의 빛과 소금 역할을 감당하게 될 것입니다. 그리고 그런 교인들은 '걸어 다니는 작은 교회'로 비기독인들 사이에 각인될 것입니다. 분명한 사실이 있습니다. 아니, 진리가 있습니다. 그것은 주님께서 성도 여러분을 이미 이해하시고 용서하셨기에, 성도님들이 지금 이 글을 읽으며 이해할 수 있다는 사실 말입니다.

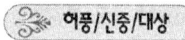

멍청한 교제

 어느 한가한 오후 시간, 쥐 세 마리가 모여 자기들의 용맹성을 자랑하고 있었습니다.

첫 번째 쥐가 침을 튀기며 이야기를 시작하였습니다. "어느 날 자세히 보니 화장실 옆에 쥐덫이 놓여 있더구먼. 그래서 일부러 그 쥐덫에 걸렸지. 그리고는 그 쥐덫의 쇠를 나의 이 날카로운 이빨로 다 갈아 버린 후, 그 위에 있던 생선을 먹어 버렸다는 것 아니야!"

그러자 두 번째 쥐도 눈에 힘을 주며 이렇게 이야기하였습니다. "그래? 나는 요새 말이야, 쥐약을 가루로 만들어 커피에 타 먹고 있잖아? 정력제로 말이야!" 그러자 그 친구들의 이야기를 가소롭다는듯 듣던 마지막 쥐가 그 자리에서 천천히 일어나더니, 어깨에 힘을 주며 이렇게 말하였다는 것입니다. "그래? 그 정도 가지고? 참! 야들아, 나 지금 고양이 만나러 간다. 따라 올래?"

쥐 뿐 아닙니다. 우리들에게도 그 누군가에게 자신의 능력과 힘을 자랑하고 싶은 마음들이 있습니다. 원래 자신보다 더 강하고, 용감하며, 능력이 있는 것처럼 만들어서 말입니다. 예수님께서 공생애 사역을 감당하시던 그 시절에도 그런 분들이 계셨습니다. 즉 서기관, 사두개인, 그리고 관원들이 그런 사람들이었는데, 그들을 향하여 주님께서는 "회칠한 무덤같은 인생들"이라고 말씀하셨습니다.

즉 많은 것을 알며 또한 가지고 있는 것 같으나, 실상은 그렇지 못하기에 마치 "뒤집지 않은 빈대떡과 같은 분들"이라는 것입니다. 혹 교회 내에 있을 수도 있는 그런 분들을 조심해야 합니다. 그러므로 사회적으로 명성이 있는 정치인, 또는 경제인들과 아주 가까운 사이인 것처럼 이야기하는 교인을 조심해야 합니다. 또는 자신의 부동산과 재산이 매우 많은 것같이 이야기하는 분도 조심해야 합니다.

특히 그런 분들께서 너무나 전망이 좋은 사업이 있으니, 함께 투자하자고 하면 더욱 조심해야 합니다. 더더욱 내게 좋은 아이디어가 있으니 성도님은 그저 약간의 자금만 투자하시면, 그 결과는 땅짚고 헤엄치는 것 같을 것이라고 말하는 교인을 지혜롭게 피해 가야 할 것입니다. 왜냐하면 그 허풍에 넘어가 동역하다가 사람과 돈을 잃는 교인, 결국에는 신앙과 교회생활까지 잃어 버리는 교인들을 적지 않게 보고 있기 때문입니다.

신중해야 합니다. 그리고 자기 자신보다는 예수님을 자랑하는 교인들과 교제하기를 소망해야 합니다. 특히 자신은 십자가와 교회 뒤에 감추고, 오직 믿음의 주요 온전케 하시는 분이신 예수님을 바라보게 하는(히 12:2) 교인들과의 만남을 사모해야 합니다. 왜냐하면 하나님께서 바벨탑을 쌓던 사람들에게 채찍을 드신 까닭은 그들이 자신들의 이름을 나타내고자 하였기 때문이었습니다(창 11:4).

그 세 마리의 쥐처럼 말입니다. 실제로 고양이가 나타나면 어떻게 될까요? 마찬가지로 자신의 믿음과 능력을 은근히 자랑하던 교인들 말입니다. 실제로 주님이 재림하시면 어떻게 될까요? 참으로 지혜로운 교인이라면, 자신의 지금 교회 내외의 교제 대상을 잠시라도 살펴 볼 것입니다. 왜냐고요? 혹 자신은 심봉사가 간절한 마음으로 딸 심청이를 "청 아~, 청 아~" 부르듯이 그 교인과 사귀고 있는데, 정작 성령께서는 그런 자신에게 "멍 청 아~,

이 멍 청 아~"라고 대답하시는 교제는 하지 말아야 하기 때문입니다.

 운전습관/화목

"요단강 건너가 만나리!"

성경에 나오는 '나발' 처럼 참으로 성격이 급한 남편 때문에 늘 걱정을 달고 사는 아내가 있었습니다. 특히 남편이 아침에 늦게 일어나므로 비몽사몽 간에 집을 뛰쳐나갈 때는 그 걱정의 농도가 더 심해질 수밖에 없습니다. 왜냐하면 남편의 운전이 더욱 난폭해질 것을 알고 있었기 때문입니다.

그래서 아직도 신앙생활을 시원치 않게 하는 남편의 차 좌석 뒷편에 성경과 찬송가를 넣어 보았으나 큰 효과가 없었습니다. 어느 날에는 장년교인들이 들으면서 운전하면 마음이 차분해질 것 같은 복음송 테이프를 드려 보았건만, 역시 그 난폭한 운전습관은 변하지 않았습니다. 하나님 외에는 저 분의 급하고 격한 운전습관을 바꿀 수 있는 분이 없다는 것을 인정하며, 기도하고 있었던 그 아내에게 하나님의 기도응답이 있었습니다.

그것은 출근하는 남편의 차 운전석 앞에 이런 메모를 남기는 것입니다. 그후 그의 아내는 놀라운 변화를 체험하게 되었습니다.

"사랑하는 당신에게

운전하실 때 찬송을 부르신다면 참으로 좋은 일이 생기게 될 것입니다. 당신은 지금 60km로 시내를 달리고 있습니까? 그러면 '내가 매일 기쁘게 순례의 길 행함은 주의 팔이 나를 안보함이요'를 부르세요.

당신은 지금 80km로 시내를 달리고 있습니까? '하늘 가는 밝은 길이 내 앞에 있으니'를 부르시면 좋을 거예요. 혹 당신은 지금 100km로 시내를 질주하고 있습니까? 그리고 신호등까지 무시하고 있습니까? 그러면 '하룻길 되는 내 본향 가까운 곳일세'를 찬송하시면 좋습니다.

그럴 리가 없겠지만, 당신은 지금 시내를 120km로 달리고 계신지요? 카레이서로 착각하고 계시는지요? 그렇다면 '며칠 후 며칠 후, 요단강 건너가 만나리'를 찬송해야 합니다. 그것도 느린 박자로 찬송하시면 너무나 좋습니다. 기억해 주세요!"

그 메모를 기도한 후 붙였는데, 하나님께서 놀라운 변화를 그 남편에게 주셨다는 것입니다. 운전습관의 변화 뿐 아닙니다. 아내인 자신을 향한 자세에도 변화를 보여 주었다는 것입니다. 왜냐하면 듣기 싫은 바가지와 사랑이 담긴 바가지와의 차이점을 인정하기 시작하였기 때문이었습니다.

성경은 말씀하고 있습니다. "마른 떡 한 조각만 있고도 화목하는 것이 육선이 집에 가득하고 다투는 것보다 나으니라"(잠 17:1) 그런데 그런 화목은 지혜로운 말로 인하여 만들어질 수 있는 것입니다. 특히 부부지간에 말입니다. "여보! 신호등 조심하라니까요! 알겠어요?!"라는 말보다는 "여보, 네모 안에 사람이 들어 있는 것, 그 신호등, 오늘도 잘 지키도록 제가 기도할게요!"라는 유순한 말을 통하여 화목은 만들어지고 유지될 것입니다. 그리고 그로 인하여 우리 부부를 통하여 주위의 예비신자들에게 복음이 전해질 것입니다.

 커닝/정직

"내가 어찌…!"

학창시절에 컨닝의 유혹을 안 당해 본 분은 거의 없을 것입니다. 그리고 그 컨닝 방법 중 두세 가지 정도는 시금도 기억하고 있지는 않으신지요? 그런데 그 컨닝을 하는 것도 여섯 가지의 예의를 지키며 해야 합니다. 즉 "인, 의, 예, 지, 신, 용"이 바로 그 덕목들입니다.

그것들을 구체적으로 말씀 드린다면 이러합니다.

"인" = '어질 인' 이란 덕목인데, 사람은 좋은데 공부는 못하는 친구를 위하여 정답을 보여 주는 어진 마음이 있어야 한다.

"의" = 사전에 계획한 방법대로 같이 컨닝을 하다가 자기만 들켰어도, 그 친구 이름을 끝까지 알리지 않고 홀로 정학을 당하는 의를 가져야 한다.

"예" = 감히 정답을 보여 준 그 친구보다 더 좋은 점수를 맞는 무례함이 없어야 하며, 그런 자신의 결심을 그 친구보다 먼저 교실을 나감으로 보여 주어야 한다.

"지" = 평소 수업시간을 통하여 시험감독자로서의 선생님들의 성격을 잘 파악하고 있어야 하며, 동시에 어느 친구가 어느 과목에 능통한 가를 면밀히 조사하는 지혜가 필요하다.

"신" = 비밀리에 넘어온 컨닝 페이퍼 내용의 정답 여부가 아무리 의심되더라도, 자신에게 자비를 베풀어 준 그 친구를 신뢰하며 무조건 베끼는 마음을 지켜야 한다.

"용" = 감독 선생님의 쪽집게 명성이 아무리 하늘을 찌르더라도 결코 주눅들지 말고, 용맹스럽게 컨닝을 하여 부모님의 기쁨조가 되어야 한다.

미국의 리폼드신학교(잭슨, 미시시피주)에서 유학하던 시절 이야기입니다. 첫 번째 기말시험을 치르면서 받았던 신선한 충격이 지금도 생생합니다. 그 신학교에는 시험을 보는 일정한 교실이 없었습니다. 물론 시험감독 교수님도 없었습니다. 그러면 어떻게 시험을 치루었을까요?

시험을 보는 당일 오전에 담당 교수실로 가서 시험지를 받아옵니다. 그리고 자신이 원하는 장소로 가서 묵상기도를 한 후에 혼자 시험을 보는 제도입니다. 그 곳이 학교 내 어느 장소이든 전혀 상관이 없습니다. 다만 오후 5시 전에 작성한 시험지를 교수실로 제출하기만 하면 되는 것이었습니다.

물론 미국의 신학생, 또는 한국에서 유학을 오신 분들 중, 그 어느 분의 컨닝 행위로 그 좋은 시험제도가 중단되지는 않았습니다. 제가 졸업하고 귀국한 그 후의 학교 사정은 잘 모르지만, 최소한 제가 졸업하였던 그 해까지는 말입니다.

학창시절, 혹은 그 후의 삶을 살아가면서 완벽주의자가 되라는 뜻으로 지금 말씀 드리는 것은 아닙니다. 다만, 늘 좌우의 사람들보다 위에 계신 하나님을 의식하며 살아가는 훈련을 받는 분들이 바로 하나님의 자녀들이 아닐까 하는 생각 때문입니다. 마치 보디발 아내의 유혹을 물리친 요셉처럼 말입니다.

"…그런즉 내가 어찌 이 큰 악을 행하여 하나님께 득죄하리이까?" (창 39:9)

 어려움/헌신

'슈퍼맨' 그리고 '술퍼맨'

 고(故) 김준만 집사님, 조선족, 93세, 2001년 5월 18일 소천.

김집사님은 조선족이십니다. 그분은 예수 그리스도를 구주로 영접한 하나님의 자녀였습니다. 그리고 문화혁명으로 인하여 중국 내의 그리스도인들이 박해를 받던 시절에도 신앙의 절개를 굳게 지켰던 십자가의 정병이었습니다. 특히 모든 성경책을 제거하던 그 시절, 홍의병들이 온 집안을 이잡듯 뒤졌건만 결국 그 집사님의 성경책은 찾아내지 못하였습니다.

그들이 집사님 집안의 모든 기물을 칼로 찔러 보았건만 쌀독 안 쌀 속에 숨겨 놓은 성경만은 결국 찾지 못하였던 것입니다. 성경과 자신의 생명을 바꾸기를 결코 주저하지 않았던 믿음이었습니다. 드디어 하나님의 때가 차매, 중국 땅에는 다시 예배자유의 계절이 찾아 왔습니다. 그러나 이제는 말씀을 전해 줄 목사님과 전도사님들이 거의 없었습니다.

그 때 마침, 서울의 극동방송의 전파를 통해 한국 목사님들의 설교를 들을 수 있는 라디오를 구입할 수 있었습니다. 그로 인하여 김집사님의 귀는 토끼 귀가 되었습니다. 감사함과 설레임, 그리고 긴장 가운데 대강 받아 적은 내용들을 가지고 주일설교를 시작하였습니다. 그리고 찬송가 역시 극동방송을 통하여 들으며 적은 가사 얼마를 가지고 같이 찬송을 하였습니다.

그러나 그 집사님의 말씀 증거 속에는 성령 하나님이 임마누엘로 함께 하셨습니다. 깨달음과 은혜, 그로 인한 전도의 열정이 교회를 성장시켰습니다. 질적, 양적, 그리고 구조적으로 성장을 거듭한 그 교회는 이제 본당의 크기만 약 170여 평이 되는 큰 예배당을 건축하게 되었습니다. 그 곳은 한족이 약 2만 명, 그리고 조선족인 약 5천 명의 소도시이건만 예배당 규모만큼은 큰 도시 못지 않음은 아마도 김준만 집사님의 희생적인 교회사역과 평소에 드렸던 기도의 응답이 아닐까 생각해 봅니다.

"지금은 약 70여 명의 조선족이 출석하는 교회이지만 저는 2천 명의 교인을 위해 기도하며 건축을 시작하였습니다. 같이 기도해 주세요!" 그 교회 전도사님의 이런 말씀 속에 영적인 능력이 있음을 쉽게 발견할 수 있었습니다. 그런데 극한 재정적 어려움으로 인하여 교회 지하실 공사를 호미와 곡괭이를 들은 교인들이 순수 약 70일에 걸쳐 끝냈다고 합니다. 그 교회에서 불과 5분도 안되는 거리에 있는 빌딩을 짓는 현장에는 최신건축기계들이 놓여 있건만 말입니다. 그런 극단적인 차이 때문에 중국을 영어로 표기할 때 "차이나!"라고 하는 모양입니다.

우리나라 교회 이야기입니다. 찬양 연습은 하지 않고 교인들이 잘 보이는 좌석에 앉아서 입만 벌리는 어느 찬양대원을 향한 불평이 대원들 사이에서 대단하기에 할 수 없이 지휘자가 이렇게 권면하였습니다. "집사님, 연습시간이나 찬양 발표시간을 위하여 더욱 노력해 주시면 감사하겠어요. 일부 대원들이 불평을 하고 있답니다." 그러자 그 집사님의 대답이 걸작이었답니다. " 아니, 겨우 몇 명 가지고 야단이세요. 우리 교회 목사님의 설교가 시원치 않다고 불평하는 교인들은 아마도 40명이 넘을 것인데 말입니다."

중국에서는 라디오로 극동방송의 설교를 들었건만, 여러 가지 여건상 들은 설교를 앵무새처럼 옮겨 전하지 못하는 집사님의 설교에도 은혜를 받으며 사명감을 당하는 교인들이 있다면, 한국에는 이미 목사님의 설교 시간에 설교 심사위원으로 전락한 교인들도 있는 현실입니다.

믿음은 들음에서 나는데, 혹 성도님은 설교 시간에 어느 부류에 속하시는지요? 조금만 더 방심하면 '슈퍼맨'이 '술퍼맨'이 되듯이, 능력있던 '그리스도인'에서 '교회 안의 불신자'로 전락할 수 있기 때문에 질문을 드려 보는 것입니다.

 수명/웃음

"주 안에서 기뻐하라!"

 웃음은 살아 계신 창조주 하나님께서 사람들에게 주신 축복이요, 은혜의 선물입니다.

웃음은 어두운 밤에 한줄기 빛으로 비추는 별과 같으며, 늦은 봄에 대지를 적시는 봄비와도 같습니다. 이 웃음이 없었더라면 세상은 빛을 도둑맞은 캄캄한 밤이 되었을 것이며, 사막과 같이 거칠고 살 맛이 도망간 광야가 되었을 것입니다.

그러나 우리에게 웃음이 있기에 세상이 감칠 맛이 나고, 여호와께서 복주신 밭에 향기가 넘치는 것입니다. 이 웃음에는 여러 가지 색깔이 있습니다. 빙그레 웃는 '파안대소'가 있는가 하면, 깔깔대며 웃는 '박장대소'가 있습니다. 깨가 쏟아지는 '간간대소'가 있는가 하면, 허리가 부러질 정도의 '포복절도'가 있습니다.

이러한 웃음은 천하의 명약이요, 산 좋고 물 맑은 백두대간 품 안에 살고 있는 한국인의 보약입니다.

과학적으로 웃음을 연구하는 전문가들이 조사한 바에 의하면 여섯 살 난 아이는 하루에 300번 웃고, 정상적인 성인은 17번 웃는다고 합니다. 그리고 웃을 때는 얼굴에 있는 15개의 근육이 움직이며, 특별히 포복절도 할 때에는 신체 내부기관이 진동하면서 혈액순환이 잘 되며, 호흡량도 늘어난다고 합니다.

또한 웃고 나면 몸의 긴장이 풀리면서 적대감, 분노 등이 누그러진다고 합니다. 특히 과학자들이 중요하게 주장하는 것은 사람이 많이 웃고 나면 면역력이 높아진다는 것입니다. 이러한 사실은 웃음을 둘러싼 여러 가지 연구 논문에서도 아주 잘 나타나고 있습니다. 즉 미국 로마린의과대학의 리버크 교수와 스탠리텐 박사가 행한 실험과 보고는 주목할 만합니다.

이 교수들은 성인을 두 집단으로 나누어 금식을 시킨 후에 아주 재미있는 비디오를 60분간 보여 주는 실험을 하였습니다. 그런 다음 그들의 혈액을 뽑아서 분석해 본 결과 체내에서 중요한 역할을 하는 항체인 감마 인테페론의 변화에 커다란 차이가 있다는 것을 알게 되었습니다. 그 감마 인테페론은 인체 내에서 항체의 역할을 하는 물질입니다.

그런데 비디오를 보면서 즐겁게 웃는 집단은 그렇지 않은 집단에 비하여 감마 인테페론의 양이 약 200배나 증가되는 결과가 나타났습니다. 그리고 웃음으로 증가된 감마 인테페론은 웃고 난지 30분이 지난 후까지 유지되었습니다. 뿐만 아니라 이 실험에서 많이 웃은 사람들은 인체에 나쁜 영향을 주는 다른 몇 가지 호르몬이 오히려 감소되는 결과를 발견하였습니다.

그래서 미국의 적지 않은 병원에서 나누어 주는, 건강교육을 위한 책자에는 "15초 동안 소리를 내어 크게 웃으면 수명이 이틀 더 연장된다."는 문구가 있다고 합니다. 그래서 현재 미국에서는 듀크대학교 종합암센터와 뉴욕의 향군병원, 그리고 번몬트 메디칼 센터 등 수많은 병원에서는 유머 도서실과 유머 이동문고를 운영하고 있습니다. 특히 뉴욕의 콜롬비아 장로교병원에서는 유머 치료를 주제로 하는 대규모 세미나를 개최한 바 있습니다.

인도에서 소외된 이웃을 돌보았던 테레사 수녀는 그와 함께 일할 직원을 선발할 때, "잘 웃고, 잘 먹고, 잘 자는 사람을 우선적으로 채용하였다"고 합니다. 이런 사람은 자신도 행복하고, 이웃 또한 행복하게 만들 수도 있고, 어려운 시험을 잘 견디며, 다른 사람들을 잘 위로할 수 있는 능력이 있기 때문입니다.

우리들은 하나님의 자녀로서 혹 웃음을 도둑맞지는 않았는가를 살펴 보아야 합니다. 웃지 않고 무뚝뚝한 표정으로 교회생활을 하는 것을 경건미 있는 교인이라고 주님께서 말씀하시지 않았습니다. 도리어 복된 교인이었던 사도 바울은 빌립보 교인들에게 "주 안에서 항상 기뻐하라 내가 다시 말하노니 기뻐하라"(빌 4:4)고 권면하고 있습니다.

사탄과 죄악, 그리고 지옥과 절망에서 구원받았다고 고백하는 성도들에게 정직 웃음과 미소가 없다면, 그 신앙고백은 의미없이 외우는 주문에 불과할 것입니다. 웃으며 사랑하고, 웃으며 감사하기에도 모자란 일평생입니다. 우리 모두 성난 얼굴, 슬픈 얼굴, 우울한 표정을 벗어 버리고 환하게 웃으며 살아가기를 원합니다. 그 근원적 원인은 우리 주님께서 세상 끝날까지 우리들과 함께 해 주시겠다고 언약해 주셨기 때문입니다(마 28:20).

영분별/대처하는 자세

"미리 알았어야지…."

하와이 섬의 관광 가이드인 '임송' 씨의 이야기입니다. 10여 년이 넘도록 한국인 관광객 가이드를 하고 있는 그 청년의 입담은 참으로 여행의 즐거움을 더 하기에 충분하였습니다. 태양의 위치에 따라 하루에도 몇 번이나 색깔이 변한다는 어느 해변가를 안내하며 우리 일행에게 들려 준 이야기입니다.

몇 해 전에 한 신혼부부 팀을 안내하였다고 합니다. 그 일행들 중에는 평생에 한 번 있는 신혼여행을 오래 기억하고 싶다며 특별한 이벤트를 요청하는 신랑이 있었습니다. 즉 야자수 나무에 올라가 야자를 따서 자기 신부에게 주겠다는 것이었는데, 솔직히 불가능한 일이기에 거절을 하였습니다. 그 높고 미끄러운 야자수 나무 꼭대기에 올라갈 수 있는 한국사람은 거의 없기 때문이었습니다.

"그럼, 차 안에서 기다리게 하는 다른 일행들에게 미안하니, 우리 내기를 해 봄이 어떨까요? 만일 손님께서 30분 내에 야자수 열매를 따오지 못한다면 300불을 벌금으로 내야 하고, 우리 모두는 그 돈으로 저녁식사를 같이 하는 것이 어떨까요?" 나중에는 안 들어 주면 때릴 것 같은 표정으로 야자수나무 타기를 요청하는 그를 달래기 위한 제의였는데, 선뜻 응하는 그를 더 이상 거절할 수 없어 어느 시골 길가 곁에 있는 야자수나무 아래에 차를 세웠습니다.

그래도 혹시나 하여 야자수나무들 중, 제일 높고 올라가기 불가능한 모양새를 한 나무 밑에 세웠는데, 그 신랑은 바지 밑을 양말 속으로 집어 넣으며 이렇게 말하였습니다. "가이드 양반, 만일 내가 30분 내에 야자수 열매를 따오면 당신이 300불의 벌금을 내야 하는 것을 아시죠?" "아, 그럼요. 이 많은 사람들 앞에서 약속하리이다."

아니나 다를까, 겨우 몇 걸음 올라가더니 그대로 미끄러지는 모습에 모든 사람들은 킥킥대며 웃기 시작하였습니다. 그런데 놀라운 일이 벌어지고 말았습니다. 다시 일어난 그 신랑은 자기 옷 혁대를 풀어 야자수나무에 감더니, 마치 원숭이처럼 올라가기 시작하는 것이었습니다. 나무에 감긴 혁대는 그 신랑의 허리에 알맞게 감기어서 순식간에 그를 열매가 있는 고공으로 올려 보내는 것이 아닙니까?

그리고 가이드 임송은 가이드 생활 10여 년 만에 처음으로 손님들에게 저녁을 대접하고 말았습니다. 그것도 300불이 아니라, 380여 불을 저녁식사 값으로 지불한 그날 밤을 지금도 잊지 못한다는 것입니다. 그 때부터 그 임씨에게는 새로운 버릇이 생겼다고 합니다. 그것은 탑승하는 손님의 직업을 유심히 알아 보려는 습관이라고 합니다. 왜냐하면 알고 보니 그 야자수나무에 올라가 30분도 되기 전에 열매를 딴 후, 내려온 그 신랑의 직업이 "한국전력의 전신주 작업원이었기 때문"입니다.

자신을 알고 적을 알면 백전백승할 수 있을 것이라는 평범한 진리는 신앙생활에도 적용되어야 합니다. 특히 주일예배 참석을 방해하는 세력을 미리 알고, 대처하는 것은 참으로 지혜로운 성도의 자세일 것입니다. 물론 예배 참석을 불규칙하게 만드는 악한 영이 우리 눈에 볼 수 있도록 역사하지는 않습니다. 다만 거절할 수 없는 사람이나, 혹 다양한 환경을 앞세워 역사할 것입니다.

그러므로 예리한 영분별의 은사를 받아야 합니다. 특히 미리미리 주일예배를 방해하는 세력들을 제거해 나가는 결단이 있어야 할 것입니다. 마치 그 임송 가이드가 미리 그 신랑의 직업을 알았다면 그런 실수를 하지 않았을 것이듯 말입니다. 그리고 "모이기를 폐하는 어떤 사람들의 습관과 같이 하지 말고 오직 권하여 그 날이 가까움을 볼수록 더욱 그리하자"(히 10:25)는 말씀을 방어용 무기로 앞세워도 좋을 것입니다.

주일예배 참석에 성공하면 나머지 영적 싸움에서 백전백승할 수 있습니다. 그 이유는 하나님은 성도들을 통하여 예배받으시는 것을 제일 기뻐하시기 때문입니다. "만민들아 우리 하나님을 송축하며 그 송축 소리로 들리게 할지어다 그는 우리 영혼을 살려 두시고 우리 실족함을 허락치 아니하시는 주시로다"(시 66:8-9) 아멘!

 경험/행위

'은혜' 받았으면 '행함'이 있어야 합니다!

어느 교회에 부임하셨던 목사님의 이야기입니다. 그 목사님께서는 부임 첫 설교의 본문을 요한일서 4장 7~12절로 정하시고 '사랑'에 대하여 설교를 하셨습니다. 사랑의 하나님께서 우리 죄인들을 사랑하사 독생자 예수님을 보내셨으며, 그 주님께서는 십자가에서 대속의 죽임을 당하시므로 참된 사랑을 우리들에게 가르쳐 주셨으니, 피차 사랑으로 하나가 되자는 목사님의 설교에 온 교인들은 큰 은혜를 받았습니다.

모든 교인들은 참 좋은 말씀을 선포하시는 목사님이 오셨다며, 그 다음 주일에도 열린 마음으로 설교 시간을 기다렸습니다. 그런데 그 다음 주일 설교의 본문도 역시 요한일서 4장 7~12절이었으며 설교내용도 똑같았습니다. 성도들은 "한 번 씹었던 칡뿌리도 다시 씹으면 더 진한 맛이 난다더니 우리 목사님 설교가 바로 그런 것 같아!"라며 역시 은혜를 받았습니다.

그러나 한달, 그리고 6개월이 지나도 그 목사님의 설교 본문과 내용은 전혀 변함이 없었습니다. 이제는 그 누가 소리를 내어 불평을 하지 않았어도 온 교회 내에 이런 이야기가 팽배해지고 말았습니다. "목사님께서는 설교준비를 안하시고 도대체 일주일 동안 무슨 일을 하신단 말인가?" 또는 "실력없는 목사님을 모셔 온 장로님들은 책임을 통감해야 할 것이야!" 이런 불평 불만의 말들이었습니다.

일년이 다 지나도록 목사님에게 전혀 변화가 없자, 할 수 없이 장로님들이 사택에 찾아가서 이사해 주실 것을 권면하였습니다. 그러자 그 목사님께서는 장로님들의 요청을 흔쾌히 수락하셨고 이제 마지막 설교를 하시게 되었습니다. 그러면 무슨 본문이었을까요? 혹은 무슨 내용의 설교였을까요? 물론 일년내내 하셨던 그 설교내용을 다시 반복하였습니다. 그러나 놀랍게도 그날 성령의 강한 역사에 온 교회 교인들이 꺾어지고 말았습니다.

그리고 자신들이 설교에 은혜는 받으면서도 여전히 서로 사랑하지 못하며, 하나가 되지 못하고 있는 오랜 구습을 내버리지 않았기 때문에 목사님의 설교가 바뀌지 않았던 것을 깨닫게 되었습니다. 그로 인하여 온 교회 교인들이 성령의 띠로 하나가 되는 역사가 행함으로 나타나게 되었다는 것입니다.

물론 그 목사님은 이사를 하지 않았습니다. 그리고 다음 주일 설교는 드디어 본문과 내용이 다른 것이었습니다. 즉 말라기 3장 7~12절이 본문이었으며 설교 내용은 "성도는 마땅히 십일조를 드려야 한다"는 말씀이었습니다. 십일조는 오직 성도들만의 의무요 특권이라는 설교 내용과, 이제라도 결단을 내려 십일조 경건을 시작해야 한다는 말씀이었습니다.

제가 한 가지 질문을 드리겠습니다. 그 교회 교인들이 그 다음 주일에 일제히 십일조를 했을까요? 하지 않았을까요? 그렇습니다. 약속이라도 한듯이 그동안 십일조를 하지 않던 교인들이 거짓말처럼 십일조를 바쳤다는 것입니다. 그 이유는 안 드리면 일년내내 십일조 설교만 듣게 될 것을 너무나 잘 알고 있었기 때문이였습니다. 즉 지난 일년 동안의 경험을 통하여 배웠기 때문이겠죠.

설교 말씀이 은혜를 받는 귀한 통로라는 것을 부인할 교인은 없을 것입니다. 그러나 은혜를 받았으면 삶에 변화가 있어야 할 것입니다. 만일 듣기는 잘 하지만, 삶의 변화를 거부한다면 그의 신앙의 모습은 마치 외계인처럼 될 것입니다. 머리는 엄청나게 큰데 몸과 팔, 그리고 다리는 너무나 가는 기형아와 같은 신앙인이 될 수밖에 없을 것입니다.

"만일 형제나 자매가 헐벗고 일용할 양식이 없는데 너희 중에 누구든지 그에게 이르되 평안히 가라, 더웁게 하라, 배부르게 하라 하며 그 몸에 쓸 것을 주지 아니하면 무슨 이익이 있으리요 이와 같이 행함이 없는 믿음은 그 자체가 죽은 것이라"(약 2:15-17) 아멘!

'대중' 없이 내리던 눈

"목사님이 송구영신예배를 드리고 광고하실 때, 태양신을 섬기듯이 동해안으로 새해 해돋이를 보러 간 사람들을 향하여 이런 이야기를 하셨잖아요. '오늘 새벽에 구름이 끼고, 눈이 와서 그 사람들이 해를 볼 수 없었으면 합니다. 그 해를 보며 소원을 빈다면, 태양신을 섬기던 고대사람들 하고 다를 것이 없지 않습니까?' 라고 말입니다.

목사님께서 그 말씀을 하신 후, 예년에 볼 수 없는 엄청난 양의 눈이 오지 않았습니까? 이제 이 원치 않는 불청객과 같은 눈이 더 내리지 않을 수 있는 방법은, 목사님께서 그 송신영신예배 때 하신 광고를 취소한다고 말씀하시는 방법 밖에 없는 것 같네요? 하하하…"

구수한 말솜씨 때문에 늘 모임에 감초와 같은 역할을 하시는 어느 집사님의 애교 섞인 말씀처럼 참으로 많은 눈이 내린 올 겨울이었습니다. 그래서 교계 내에는 이런 우스갯 소리까지 돌아 다니던 겨울이었습니다. "김영삼 대통령 시절의 겨울에는 가끔 0.3cm 정도의 눈 밖에 오지 않았는데 아, 이거… 김대중 대통령 시절이 되자, 정말 눈이 대중 없이 내리잖아! 이제는 눈이 반갑지 않단 말이야!"

그래서 올 겨울에는 저에게 새로운 습관이 생겼습니다. 그것은 주일날 새벽기도를 끝내고, 혹 또 눈이 내리지 않았는가를 확인하기 위해 교회 마당에 나가 보는 습관이었습니다. 왜냐하면 우리 교회 위치로 볼 때에, 주일 새벽에 눈이 내리게 되면 교인들의 교회출석률에 엄청난 변화를 주기 때문입니다. 그로 인하여 '노태우'가 아니라 '속 태우'는 사람들이 있으니 바로 당회원들과 교역자, 그리고 저 자신이었습니다.

그러나 올 겨울에 배달업체들은 호황을 누렸다고 합니다. 일찌감치 퇴근해 집안에 박혀 있는 '칩거족'이나, 공휴일에는 '하와이족(하루종일, 와이프와, 이불 속에 있는)'들이 늘어났기 때문이라고 합니다. 그들이 인테넷을 통하여 물건을 주문하는 바람에 배달업체들의 일손이 부족할 정도였다고 합니다.

또한 비디오 대여점들도 평일 저녁에도 주말처럼 주문이 밀려드는 등 매출이 작년대비로 하여 20%나 늘었으며, 특히 골절 환자들이 급격히 늘어나므로 한의원에서는 침과 찜질재료들이 부족할 정도였다고 합니다. 이와 같이 폭설과 함께, 각자의 처지에 따라 희비가 엇갈렸던 지난 겨울을 보내면서 지금 이런 묵상이 저의 마음에 있음을 부인할 수 없습니다.

"과연 눈과 주일예배 출석이 반비례하는 것을 막을 방법은 없을까?" 물론 연세드신 분들의 자녀들이 혹 어르신께서 빙판길에 낙상할 것이 두려워 교회 가시는 것을 만류하는 것을 넉넉한 마음으로 이해할 수 있습니다. 그럼에도 불구하고 마음 한구석에 아쉬운 것이 있습니다. 그것은 날씨에 따라 주일예배 출석이 오락가락하는 '온실 교인', 혹은 '비닐하우스 교인'들에게 더욱 더 굳건한 주일성수 신앙을 심어 주지 못하였던 저 자신을 바라보는 것이요, 동시에 그 아쉬움을 목회의 재도전으로 우회전해 봅니다.

이제 "모이기를 폐하는 어떤 사람들의 습관과 같이 하지 말고 오직 권하여 그날이 가까움을 볼수록 더욱 그리하자"(히 10:25)는 말씀을 "아멘!"으로 받으며, 주일이 기다려지는 그리스도의 제자들이 더욱 많아질 때까지 말입니다.